DER VERSCHLOSSENE GARTEN

PATRICIA M. ST. JOHN

DER VERSCHLOSSENE GARTEN

VERLAG BIBELLESEBUND MARIENHEIDE/WINTERTHUR

Originaltitel: »Rainbow Garden«
Erschienen bei: Scripture Union, London

Aus dem Englischen übertragen von Elisabeth Aebi

ISBN 3-87982-000-7

6. Auflage 1991

Umschlag: Marco Avigni
Illustrationen: Traudel Gomer
Druck: Breklumer Druckerei Manfred Siegel KG
Printed in Germany

INHALTSVERZEICHNIS

Land im Sonnenschein

Es war an einem kalten Tag im Februar, als alles seinen Anfang nahm. Ich kauerte auf der Couch im Schlafzimmer meiner Mutter. Draußen fiel der Schnee auf London herab. Die Schritte der Fußgänger und der Lärm des Verkehrs waren nur noch gedämpft zu hören. In Mutters Zimmer mit seinen zugezogenen Samtvorhängen und dem sanften rötlichen Schein der Lampen war es wunderschön warm und behaglich.

Es war einer jener seltenen Abende, an denen meine Mutter zu Hause und ganz für mich da war - etwas so Außergewöhnliches, daß wir zuerst kaum wußten, was wir einander sagen sollten. Wir saßen am Fernsehapparat, dann holte meine Mutter einen Stoß Modehefte und forderte mich auf, mir ein neues Sommerkleid auszusuchen. Daraufhin wusch sie mein Haar und setzte sich auf einen Stuhl, um mir die Locken zu wickeln, während ich im großen Wandspiegel zuschaute und Schokolade aß.

Bestimmt hätte es ein besonders schöner Abend werden können. Frau Moody, die Haushälterin, hatte ihren freien Tag und war nach Hause gefahren, und irgendwie schien die Wohnung heller ohne sie. Ich hatte Frau Moody zwar sehr gern; sie kümmerte sich viel mehr um mich als meine Mutter. Aber ich könnte nicht behaupten, daß es mir in ihrer Nähe fröhlich zumute wurde, denn als ältere Person mit altmodischen Ansichten nahm sie mir gegenüber eine entschieden mißbilligende Haltung ein. Sie war nicht einverstanden mit Mama, weil sie so viel ausging, nachts lange wegblieb und morgens spät aufstand. Frau Moody selbst war in ihrer Jugend stets um zehn Uhr zu Bett gegangen und um sechs aufgestanden und hatte keinerlei Dummheiten gemacht. Mama ging meist um zwei zu Bett und stand um zehn Uhr auf. Durfte man sie deswegen fauler finden als Frau Moody? Beide verbrachten ja genau dieselbe Anzahl Stunden im Bett!

Mit mir war Frau Moody auch nicht einverstanden, weil sie fand, ich hätte zu viele schöne Kleider und bekäme zu viele Süßigkeiten. Ich hörte einmal, wie sie der Köchin aus der unteren Wohnung sagte, ich würde bestimmt zu einem Schmetterling heranwachsen wie meine Mutter. Obwohl sie es in sehr verurteilendem Ton sagte, fühlte ich mich geschmeichelt, denn Schmetterlinge sind schön und lustig. Ich habe sie bei Sonnenschein auf den Tulpenbeeten im Park von St. James herumflattern sehen. Die Köchin erwiderte, bei all meinem Putz gehörte ich doch zu der unansehnlichsten Sorte. Aber das verstand ich nicht recht und meinte, es beziehe sich vielleicht auf den Kuchen, den sie gebacken hatte.

»Mama«, sagte ich und strich mir das Haar zurück, um ihr ins Gesicht blicken zu können, »du hast mir noch immer nicht gesagt, wann ich wieder mit der Schule anfangen soll. Sicher schon bald, nicht?«

Meine Mutter schwieg, und ich begann mich zu wundern, was denn los war. Ich hatte früher schon zweimal dasselbe gefragt, worauf sie von etwas anderem gesprochen hatte.

»Wann, Mama?« drängte ich. »Wird es nicht schon nächste Woche sein? Frau Moody hat noch gar nicht nach meinen Schulkleidern gesehen, und ich weiß bestimmt, daß mein Turnzeug nicht mehr paßt.«

Meine Mutter schien ganz in meine Locken vertieft zu sein. Plötzlich sagte sie, anstatt auf meine einfache Frage zu antworten:

»Eliane, würdest du gern aufs Land fahren?«

Ich starrte sie an.

»Aufs Land? Wohin denn? Meinst du, statt zur Schule zu gehen?«

»Nein, das nicht. Du würdest auf dem Lande zur Schule gehen. Ich bin überzeugt, sobald der Frühling kommt, würde es dir ausgezeichnet gefallen. Die Sache ist die, Eliane: Man hat mir eine wunderbare Stelle angeboten. Ich habe sie angenommen und werde nun sehr viel reisen müssen, sogar ins Ausland. Ich kann dich beim besten Willen nicht mitnehmen. Außerdem ist es ein unerhört anstrengender Posten, und ich werde furchtbar viel arbeiten müssen.«

»Nun«, sagte ich nach einer Weile, »ich glaube, ich bleibe lieber hier bei Frau Moody. Tagsüber wäre ich in der Schule, und abends wären wir beieinander. Das wäre mir schon recht. Du würdest doch für die Ferien heimkommen, nicht wahr?«

»Aber Liebling«, entgegnete meine Mutter ungeduldig, denn sie mochte es nicht leiden, wenn man nicht sofort mit ihren Plänen einverstanden war, »du *verstehst* mich nicht! Ich kann unmöglich für dich allein die Wohnung samt Frau Moody behalten. Du wirst sehen, du wirst dich auf dem Lande ungemein wohl fühlen. Ich habe eine so nette Familie gefunden, die dich aufnehmen will. Die Leute haben sechs Kinder, darunter eine Tochter namens Janet, die nur ein paar Monate jünger ist als du.«

»Aber wenn du die Wohnung und Frau Moody aufgibst, wo bleibt dann mein Zuhause? Dann gehöre ich ja nirgends mehr hin!«

An ihrem raschen, irritierten Achselzucken merkte ich, daß meine Mutter mich unartig und schwierig fand, aber ich konnte nichts dafür. Es machte mir nicht besonders viel aus, daß sie weggehen wollte - ich sah ohnehin nicht viel von ihr. Frau Moody und unsere Wohnung aber, das war etwas anderes. Ich würde ja wie eine herumirrende, herrenlose Katze sein, die nirgends daheim ist! Und gesetzt den Fall, ich ging aufs Land und es gefiele mir nicht, oder ich fände jene sechs Kinder ungenießbar - wohin sollte ich dann zurückkehren?

»Ach, Eliane, tu doch nicht so dumm!« bat meine Mutter. »Sobald ich zurückkomme, werden wir selbstverständlich wieder ein Zuhause haben, und du wirst immer zu mir gehören. Versuche doch, vernünftig zu sein! Ich will dich ja nicht im Stich lassen, und es wird für dich später auch viel schöner sein, wenn ich mehr verdient habe, als ich es jetzt mit meiner Halbtagsarbeit tun kann.

Außerdem wäre ich schon immer gern einmal ins Ausland gefahren, und nun habe ich eine großartige Gelegenheit dazu.«

Meine Lippen preßten sich zu einer eigensinnigen, geraden Linie zusammen. Sechs Kinder auf dem Lande! Das klang recht grimmig und gefährlich. Ich hatte gar keine Lust, mich auf solch ein Abenteuer einzulassen.

Mein beharrliches Schweigen gefiel meiner Mutter nicht. Schmeichelnd begann sie von neuem:

»Du hast keine Ahnung, wie schön es sein wird. Ich habe mir solche Mühe gegeben, etwas wirklich Nettes für dich ausfindig zu machen. Frau Morton war eine Schulkameradin von mir, und obwohl wir uns später aus den Augen verloren, hing ich im Grunde mehr an ihr als an irgendeinem anderen Mädchen. Als dann dein Vater umkam, schrieb sie mir. Sie hatte die Nachricht von dem Flugzeugunglück in der Zeitung gelesen. Sie wollte alles von dir wissen und fragte, ob sie mir irgendwie behilflich sein könne. Damals warst du noch ganz klein. Vor kurzem schrieb ich ihr nun und fragte sie, ob sie ein gutes Internat für dich wüßte. Da antwortete sie mir umgehend und bot mir an, dich in ihre Familie aufzunehmen, so daß du mit ihrer Janet zur Schule gehen könntest. Das ist sehr, sehr lieb von ihr, Eliane, und du mußt dir nun Mühe geben, ein vernünftiges Mädchen zu sein. Frankreich ist nicht sehr weit entfernt, und ich werde von Zeit zu Zeit herüberkommen und dich besuchen.«

Es war mir unmöglich zu erklären, daß es nicht diese Seite des Problems war, die mich bewegte. So saß ich denn weiterhin finster brütend da. Im Spiegel konnte ich das Gesicht meiner Mutter beobachten. Sie war offensichtlich aus der Fassung gebracht. Plötzlich sagte sie:

»Eliane, für morgen abend habe ich ein paar Freunde zu einem kleinen Abschiedsfest eingeladen. Du kannst mir bei den Vorbereitungen helfen und dann dein hübschestes Festkleid anziehen und für den Anfang mit dabei sein. Das wird dir Spaß machen, nicht wahr?«

Ich blickte rasch auf.

»Schon morgen? Wann fahren wir denn weg?«

»Ja, schau«, sprach meine Mutter gedehnt, »es wird ein solches Durcheinander geben, wenn wir die Wohnung räumen, daß ich gedacht habe, du solltest möglichst bald fahren. Ich habe Frau Morton geschrieben, du würdest am Freitag ankommen.«

»Am Freitag«, wiederholte ich im stillen, »und heute ist schon Dienstag. Also bloß noch drei Tage!« Ich fühlte mich auf einmal schrecklich einsam und verlassen. Aber ich durfte nicht nein sagen, und was nützte es, Geschichten zu machen, wenn doch schon alles verabredet war? Zu besprechen gab es offenbar nichts mehr. So verzog ich mich möglichst bald auf mein Zimmer und ging ins Bett. Als Mama kam, um mir gute Nacht zu wünschen, stellte ich mich schlafend.

Der folgende Tag war ausgefüllt und unterhaltsam. Über den Vorbereitungen für den Abend vergaß ich beinahe meinen Kummer. Die Gäste sollten um halb neun Uhr eintreffen. Ich war schon um halb acht bereit. Ich trug mein duftiges, weites rosa Kleid, und meine Locken waren sorgfältig frisiert. Noch nie hatte ich bei einer Einladung von Erwachsenen aufbleiben dürfen, und ich war neugierig, was wir unternehmen würden.

Im ganzen war ich dann ziemlich enttäuscht, denn obwohl jedermann am Anfang viel Wesens um mich machte, vergaß man mich bald völlig. Es waren keine anderen Kinder da, und wir machten gar keine Spiele. Später wollten zwar die Leute, soviel ich mich erinnere, Karten spielen. Aber vorerst saßen sie einfach herum, aßen und tranken, rauchten und erzählten Witze, die ich nicht verstand, obwohl sie sehr lustig sein mußten, denn jedermann lachte dabei. Mama sprach von Frau Moody und nannte sie eine Perle, aber ach, sooo trübselig! Die Gäste schüttelten sich vor Lachen, was mich sehr erstaunte. Es war mir nie aufgefallen, daß Frau Moody lächerlich sein sollte. Dann wurde mir allmählich von der Hitze und dem Rauch halb schwindlich und ein bißchen übel von den Sahnetörtchen, die ich gegessen hatte. Mama war vollauf damit beschäftigt, Getränke anzubieten, und ich hatte den Eindruck, niemand würde es merken, wenn ich wegginge.

Bei der nächsten Lachsalve schlüpfte ich aus der Tür in die Kü-

che hinaus zu Frau Moody. Wenigstens sie hatte mich nicht vergessen. Sie stopfte meine Socken.

»Gut, daß du kommst, Eliane«, sagte sie scharf, »es ist mehr als höchste Zeit für dich, zu Bett zu gehen. Du schläfst ja schon halb!«

Ich lehnte mich an sie und flüsterte beschämt: »Kommen Sie mit mir, Frau Moody. Mir ist nicht gut.«

»Kein Wunder bei solchen Zuständen, in deinem Alter!« entrüstete sie sich. Aber sie erhob sich sogleich, legte sanft den Arm um mich, führte mich in mein Zimmer und half mir aus meiner festlichen Aufmachung in mein Nachthemd. Dann holte sie mir eine Wärmflasche, weil ich schlotterte, kämmte mir das Haar, und ich durfte dabei den Kopf aufs Kissen legen.

»Frau Moody«, begann ich, »ich fahre aufs Land und Mama nach Frankreich.«

Frau Moody fuhr auf und verzog die Lippen. Was aber die Ursache ihrer Mißbilligung war, »das Land« oder »Frankreich«, war ungewiß.

»Ich habe es gehört«, sagte sie steif, fuhr aber fort, liebevoll meine Locken auszubürsten.

»Frau Moody«, schmeichelte ich, »haben Sie je auf dem Land gelebt?«

Langsam breitete sich ein Lächeln auf Frau Moodys Gesicht aus. Demnach war es ungefährlich, über »das Land« zu sprechen. »Frankreich« mußte der Name sein, der Ärgernis erregte.

»Ich bin in Sussex aufgewachsen«, sagte Frau Moody, »in einem kleinen Haus mit einem Garten voll Lavendel, Wicken und Rosen. Nach meiner Ansicht ist es ein viel besserer Ort für Kinder als London.«

Ich schob mich näher an sie heran. Das klang ja erfreulich! In Gedanken konnte ich das kleine Mädchen, das Frau Moody gewesen war, vor mir sehen: schmächtig, steif und ernst, das Haar fest hinter die Ohren gezogen, mitten unter Rosensträuchern.

»Weiter«, flüsterte ich, »erzählen Sie mir mehr!«

Frau Moody lachte leise. Es war eines der seltenen Male, wo ich sie so heiter sah.

»Ich kann mich an vieles nicht mehr erinnern, Eliane. Aber das weiß ich, daß die Schwalben unter dem Dach nisteten, daß der Bach, an dem wir spielten, mitten durch die Butterblumen floß und daß wir massenhaft Blumensträuße pflückten. Mein Großvater kannte alle Namen der wilden Blumen, und wir Kinder lachten darüber, weil wir sie so lustig fanden: Wiesenschaumkraut, Wolfsmilch, Kriechender Günsel, Knabenkraut ... Hübsch, nicht wahr?«

Lautes Gelächter drang durch den Korridor zu uns herüber. Ich kuschelte mich enger an Frau Moody. Wir waren ganz für uns, umgeben von süßen Erinnerungen.

»Frau Moody«, bat ich, »warum kommen Sie nicht mit mir?«

»Weil ich nicht eingeladen bin, Herzchen, und weil du jetzt ein großes Mädchen bist. Ich habe eine andere Stelle als Haushälterin gefunden, aber du wirst mir fehlen, das ist sicher.«

»So erzählen Sie mir noch mehr, bitte!«

Die gute Frau plauderte weiter von Lämmern und Kühen, von Obstgärten und Ernten, und ich hielt dabei ihre arbeitsrauhen

Hände fest. Mir war wieder warm und wohl zumute, während ich den beruhigenden Worten lauschte, bis mir die Augen zufielen. Merkwürdig: Nun, da ich aufs Land fahren sollte, hatte Frau Moody nichts mehr an mir auszusetzen!

Der Donnerstag verging im Flug. Meine Mutter war netter und aufmerksamer mir gegenüber als je. Sie beschäftigte sich andauernd mit mir. Wir gingen miteinander einkaufen; nachmittags tranken wir Tee in einem eleganten Restaurant, und anschließend sahen wir uns ein Kindermärchen im Theater an. Es war sehr aufregend, so daß ich tagsüber beinahe vergaß, daß Frau Moody auch noch da war. Sie saß unterdessen in ihrer Küche, richtete meine Kleider und versah sie mit Namen. Erst am Abend, als Mama sich mit einem hastigen Kuß von mir verabschiedete und zu einer Einladung eilte, wurde mir Frau Moody wieder wichtig.

Es war nicht schwer, sie zu überreden, sich im Dunkeln auf meinen Bettrand zu setzen und mir noch mehr vom Leben auf dem Lande zu erzählen. Wie gut, daß sie es tat! Denn nach Einbruch der Dunkelheit wurde mir bewußt, daß die Welt ein recht unsicherer Ort war: Schon bald würde ich zu niemandem mehr wirklich gehören. Ich würde auf sechs fremde Kinder angewiesen sein, ob wir einander mochten oder nicht. Im tiefsten Herzensgrund wußte ich, daß meine bisherigen Schulkameraden mich nicht besonders gut leiden mochten, und manchmal wunderte ich mich, weshalb. Niemand hatte mir je gesagt, daß ich verwöhnt und eitel war und immer nur an mich selbst dachte. Nur Frau Moody sagte solche Dinge, wenn sie ungehalten war. Aber ich hatte mich nie darum gekümmert.

Etwas beruhigte mich. Ich hatte jeden Sommer in vornehmen Kurorten am Meer verbracht und wußte deshalb nichts vom Leben auf dem Lande. Doch aus Frau Moodys freundlichem Geplauder zu schließen, war »das Land« eine zauberhafte Gegend, wo die Blumen das ganze Jahr blühten und die Sonne Tag für Tag schien. Wahrscheinlich beschränkten sich ihre Erfahrungen lediglich auf schöne Sommertage. Jedenfalls kam es uns beiden nicht in den Sinn, daß ich mitten in einem ungewöhnlich kalten Februar in den Norden von Wales hinauffahren sollte. So erwartete ich denn gewissermaßen, in eine helle Welt sommerlicher Blumenpracht versetzt zu werden, und das waren höchst angenehme Aussichten. Denn auf den Londoner Straßen war der Schnee bereits wieder geschmolzen und hatte nichts als braunen Matsch hinterlassen, über dem ein dichter Nebel hing.

Immer mehr Erinnerungen erwachten in Frau Moodys Herzen. Sie beschrieb mir Heu-, Korn- und Obsternten, Schafschur und Mittsommerfeste, während ich still dalag und wunderbar getröstet war. Als schließlich der gefürchtete Morgen kam und das Taxi vor der Tür stand, um mich zum Bahnhof zu bringen, merkte ich mit Bestürzung, daß es viel schwerer war, mich von Frau Moody zu verabschieden als von meiner Mutter. Kaum waren wir beide um die Ecke gefahren und die magere, winkende Gestalt auf der Haustreppe meinen Blicken entschwunden, fühlte ich mich plötzlich von allem abgeschnitten, was dem Leben Sicherheit verlieh, und brach in Tränen aus. Meine Mutter war ganz entsetzt über mein haltloses Schluchzen und flehte mich an, lieb und vernünftig zu sein. Was blieb mir anderes übrig, als meine Tränen zu trocknen und wie gewohnt meine Ängste für mich zu behalten? Auf dem Bahnhof gingen wir zum Kiosk und kauften mehrere Comic-Hefte und zwei große Schachteln Schokolade, eine für mich als Reiseproviant und eine für die Morton-Kinder. Das gefiel mir, und als der Bahnhofsvorsteher pfiff und der Zug sich in Bewegung setzte, war ich imstande, ganz vergnügt zu winken. Ja, im Grunde war ich froh, schnell wegzufahren, um es mir behaglich machen und die Reise genießen zu können.

Meine Mutter hatte mich einer Dame anbefohlen, die nach Irland fuhr. Aber ich war kein liebenswürdiges Kind und schenkte ihr keinerlei Beachtung, so daß sie es bald aufgab, mir weitere Beachtung zu schenken. Ich las in meinen Heften und aß meine Brote und die Schokolade. Von Zeit zu Zeit schaute ich zum Fenster hinaus. Was ich erblickte, erfüllte mich mit Schrecken. Diese Landschaft glich in keiner Weise der von Frau Moody geschilderten. Ich konnte meilenweit nichts als nasse, gelbliche Felder und nackte, düstere Hecken und Bäume erblicken, hinter denen die Ferne sich im Nebel verlor. Alles sah so kalt und schmutzig, einsam und häßlich aus, daß ich es bald satt hatte hinauszuschauen. Ich kuschelte mich in meine Ecke und schlief fest ein.

Hätte mich die gute Dame nicht geweckt, ich hätte den Zeitpunkt des Aussteigens verschlafen. So aber stolperte ich mit meinem großen Koffer aus dem Wagen und blieb abwartend, noch ganz schläfrig und verwirrt, auf dem Bahnsteig stehen. Der Zug fuhr sofort weiter. Das erste, was mir hier auffiel, war die Stille: kein Verkehr, kein Getrampel von tausend Füßen - nur das gedämpfte Rauschen des Meeres jenseits der Bahnhofshalle und das weiche Rieseln von Wellen über Kieselsteine. Ich schnupperte. Die Luft roch salzig und sauber.

In diesem Augenblick sah ich eine Frau auf mich zueilen, so rasch wie drei kleine Kinder, die an ihren Händen und an ihrem Mantel hingen, es ihr erlaubten. Sie hatten am anderen Ende des Bahnsteigs gewartet. Ich nahm an, daß es die Mortons seien. Ich ging ihnen nicht entgegen, sondern blieb ruhig bei meinem Koffer stehen. Dann streckte ich meine behandschuhte Rechte aus und sagte in dem kühlen, unverbindlichen Gesellschaftston meiner Mutter, mit dem sie Leute begrüßte, die ihr unsympathisch waren:

»Guten Tag, Frau Morton!«

Sie war sichtlich überrascht, und im trüben Licht jenes Februarnachmittags wechselten wir stumm einen abwägenden Blick. Dann huschte eine Bewegung über ihr Gesicht, die ich nicht zu deuten wußte: Wollte sie lachen oder weinen? Jedenfalls schob sie meine Hand beiseite, küßte mich sanft auf beide Backen und sagte:

»Wie schön, daß du zu uns kommst, Eliane! Wir sind alle ganz aufgeregt, und Peter und Janet sind traurig, daß sie nicht rechtzeitig aus der Schule heimkommen konnten, um dich abzuholen. Aber Johnny, Rosmarie und Robert sind hier, und die anderen erwarten dich zu Hause. Komm, das Taxi steht bereit.«

Johnny, Rosmarie und Robert schienen ebensowenig wie ich zu wissen, was wir voneinander halten sollten. Ich nehme an, sie erwarteten ein Wort oder einen Kuß von mir. Aber ich hatte keine Ahnung vom Umgang mit kleinen Kindern. In ihren wollenen Kappen, dicken Mänteln und festen Stiefeln sahen sie fast ebenso breit wie lang aus. Als wir das Taxi erreichten, kugelten sie alle drei auf den Rücksitz und begannen unter einer Decke miteinander zu tuscheln. Ich saß vorn neben Frau Morton, antwortete »Ja« und »Nein« auf ihre Fragen und fühlte mich schrecklich schüchtern und elend.

Wir ließen die kleine Stadt hinter uns. Die Gegend, durch die wir fuhren, war die trübseligste, die ich je gesehen hatte. Es herrschte ein kaltes, diesiges Zwielicht, und Bäume und Hügel blieben unsichtbar. Ich konnte nichts erkennen als nasse Straßen und eine trostlos eintönige Landschaft. Und nirgends eine Menschenseele! Was in aller Welt konnte man hier den ganzen Tag treiben?

Ich hörte nicht mehr, was Frau Morton sagte, und starrte aus dem Fenster. Die Kleinen streckten wie Häschen ständig die Köpfe unter der Decke hervor, kicherten und verschwanden wieder. Ich glaube, es war ihre Art, Annäherungsversuche zu machen, aber ich achtete nicht darauf.

Auf einmal rief Johnny:

»Da ist unser Haus!« Er stieß mich ziemlich unsanft in den Rükken und zeigte nach vorn. Ich folgte, plötzlich gespannt, mit den Blicken seinem Zeigefinger. Wir waren zwischen Baumreihen dahingefahren; jetzt fuhren wir wieder auf offener Straße. Dort am Abhang leuchteten uns die hellen Fenster eines Hauses entgegen. Es waren die einzigen Lichter in jener Richtung, denn das Haus stand abseits vom Dorf, und sie schienen Wärme und herzlichen Empfang zu verheißen. Ich warf einen scheuen Blick auf Frau Morton. Sie lächelte mir zu.

»Willkommen im Pfarrhaus, Eliane, hier sind wir zu Hause!«

Als das Taxi durch das Gartentor fuhr, öffnete sich die Haustür, und zwei stämmige Kinder samt einem gewaltigen Schäferhund stürzten uns unter Hallogebrüll und Gebell entgegen. Ich verabscheute laute Kinder und fuhr zurück. Aber sie schienen es

nicht zu merken. Sie tanzten wie wild um ihre Mutter herum, und als ich schließlich doch ausstieg, sprang der Hund an mir hoch, legte mir die Vorderpfoten auf die Schultern und versuchte, mir das Gesicht zu lecken. Die Kinder jauchzten vor Vergnügen, denn gerade das hatten sie ihm anscheinend beigebracht. Aber ich meinte, er wolle mich beißen, und schrie vor Entsetzen laut auf.

Frau Morton hatte mich im Nu befreit und beruhigte die erregte Gesellschaft.

»Er will dich nur begrüßen, Eliane«, erklärte Janet. »Er kann dir auch die Hand schütteln. Streck die Hand aus, dann streckt er dir die Pfote entgegen. Er ist ein sehr höflicher Hund.«

Aber ich fand ihn gräßlich und wich immer weiter zurück. Die Kinder waren höchst erstaunt. Sie konnten nicht begreifen, daß jemand sich vor Nero fürchtete. Ich bemerkte, wie Janet und Peter einen belustigten Blick tauschten, während wir irgendwie allesamt den Gartenweg hinauf und durch die Haustür ins Haus gelangten. Es war klar: Ich hatte einen schlechten Anfang gemacht.

Janet nahm einen neuen Anlauf, um mich willkommen zu heißen, und sagte freundlich:

»Du schläfst bei mir. Ich will dir das Zimmer zeigen und dir beim Auspacken helfen.«

Damit führte sie mich die Treppe hinauf, und Peter kam mit dem Koffer hinterher. Sie öffnete die Tür zu einem kleinen Schlafzimmer, in dem zwei Betten nebeneinander standen.

Es gefiel mir nicht, und ich gab mir auch keine Mühe, dies zu verbergen. In London hatte ich ein eigenes Zimmer bewohnt mit elektrischer Heizung, einem dicken Teppich, einem kleinen eichenen Büchergestell, einem bequemen Sessel und einem Spielzeugschrank, alles für mich ganz allein. Dies hier war, so fand ich, ein schäbiges, kaltes kleines Zimmer. Ich sah nicht die vielen Willkommenszeichen, die die Kinder liebevoll darin angebracht hatten: die Hyazinthenknospe auf der Kommode, Rosmaries liebsten Teddybär auf meinem Bett, Peters Lieblingsbild, ein Schlachtschiff, das an der Wand über meinem Kissen klebte, und das winzige Moosgärtchen, das in einem Blechdeckel auf meinen Stuhl lag.

Janet beobachtete mich gespannt, aber ich zeigte nicht die kleinste Regung einer Freude, und der erwartungsvolle Ausdruck auf ihrem Gesicht erlosch. Schüchtern wies sie auf mein Bett und meine Schubladen und sagte, sie müsse ihrer Mutter beim Zurichten des Abendbrots helfen. Ich spürte, daß sie froh war wegzugehen, und ich selbst war froh, daß sie ging. Widerwillig betrachtete ich die dünnen Bettvorleger, die verschossenen Vorhänge und Bettdecken, und dabei bemerkte ich zwei klebrige Karamellen und einen welken Zweig Winter-Jasmin auf meinem Kissen. Ich schleuderte alles zornig in den Papierkorb. Mama und Frau Moody würden nie dulden, daß auf dem Kissen eines Gastes solches Zeug läge, und ich verstand nicht, wie Frau Morton dies dulden konnte. Ich öffnete meinen Koffer und begann, meine Kleider in den Schrank zu hängen. Es tat mir wohl zu sehen, daß sie viel hübscher waren als Janets Kleider. Mein neues Nachthemd mit den vielen Fältchen breitete ich in seiner ganzen Pracht auf dem Bett aus. Vielleicht hatte ich Janet doch einiges voraus, auch wenn ich mich vor Hunden fürchtete!

Als ich eben daran war, die Fältchen hübsch zu legen, erschien Frau Morton mit dem Jüngsten auf dem Arm, einem rundlichen strampelnden Baby, das noch kein Jahr als sein konnte.

»Das ist Klein-Anne«, sagte sie. »Ich hoffe, du hast kleine Kinder gern. Ich zähle nämlich auf deine Mithilfe. Sechs Kinder geben eine ganze Menge Arbeit, und du wirst nun meine älteste Tochter sein. Du bist doch elf, nicht wahr?«

»Ja«, erwiderte ich und schaute gebannt auf Klein-Anne, die plötzlich einen glucksenden Laut von sich gab und breit lächelte, wobei zwei Zähnchen sichtbar wurden. Es war mir ganz neu, daß man von mir irgendwelche Mithilfe im Haushalt erwarten könnte. Zu Hause verrichtete Frau Moody alle Arbeit allein. Ich spielte oder saß vor dem Fernsehapparat oder las. Nun wußte ich nicht recht, wie ich mich zu diesem neuen Gedanken stellen sollte. Das Baby pflegen zu helfen, würde vielleicht Spaß machen. Ich konnte es jedenfalls einmal versuchen. Und wenn es mir dann nicht gefallen sollte, würde ich es einfach wieder bleiben lassen. Denn ich wollte auf meine Weise glücklich sein. Und das bedeutete: haben, was ich wollte, und tun, was mir gefiel. Von irgendeinem anderen Glück wußte ich nichts.

Ich sah zu, wie Frau Morton Anne in ihr Bettchen legte und zudeckte, und folgte ihr dann ins Eßzimmer hinunter. Mit Erleichterung stellte ich fest, daß der riesige Kartoffelauflauf, der soeben aufgetragen wurde, von einem rotbackigen Mädchen namens Emma auf den Tisch gestellt wurde. Ich hatte schon befürchtet, es sei keine Hausangestellte da und man erwarte von mir, daß ich das Geschirr spüle oder Staub wische, was ich auf keinen Fall zu tun gedachte.

Als alles bereit war, trat Pfarrer Morton aus seinem Studierzimmer. Er war ein großer, schlanker Mann mit ernsten Zügen, aber freundlichen blauen Augen. Er hob Robert hoch, über den er beinahe gestrauchelt wäre. Dieser hatte ihm nämlich, sobald die Tür aufgegangen war, die Arme um die Beine geschlungen. Er begrüßte mich sehr herzlich. Nachdem er das Tischgebet gesprochen hatte, setzten wir uns unter unbeschreiblichem Stimmengewirr zu Tisch. Der Pfarrer war eben erst von seinen Hausbesuchen zurückgekehrt, und da Peter und Janet ihn seit dem Frühstück nicht mehr gesehen hatten, wußten sie ihm unglaublich viel zu erzählen. Johnny und Rosmarie schienen seit dem Mittagessen ebenfalls unerhört viel erlebt zu haben und platzten fast vor Neuigkeiten.

»Papa«, begann Peter, »ich sitze jetzt neben Glyn Evans; er sagt, er würde mir für ein paar Marken und eine Schleuder zwei Kaninchen geben. Darf ich sie nehmen, Papa?«

»Papa«, fiel Janet ein, »vielleicht komme ich zur Korbball-Mannschaft. Könnten wir nicht im Garten einen Pfosten einschlagen, damit ich üben kann?«

»Darf ich, Papa?« fragte Peter.

»Papa, Papa«, schrie Johnny, weil ihm plötzlich etwas ungeheuer Aufregendes einfiel, »wir sind gerade auf der Brücke gewesen, als der Zug unten durchgefahren ist, und der ganze Rauch ist rings um uns heraufgekommen!«

»Können wir, Papa?« wiederholte Janet.

»Wir haben zwei ganz kleine Lämmer auf dem Feld gesehen, ich hab' sie schreien hören«, sagte Rosmarie laut genug, um ihren Vater über all den Lärm hinweg zu erreichen. Sie strahlte ihn selig an, da sie ihre Neuigkeit ohne Zweifel für die allerwichtigste hielt. Und er strahlte zurück, denn er wußte genau, wieviel solche Erlebnisse seiner Fünfjährigen bedeuteten.

»Darf ich, Papa?« fragte Peter wieder. Er war ein sehr ausdauernder Bursche, wie ich später entdecken sollte.

»Können wir, Papa?« rief Janet fast gleichzeitig.

»Ich glaube, ja«, erwiderte der Vater ruhig. »In der Garage liegt ein alter Pfosten, Janet. Wir könnten einen Ring aus Draht daran befestigen und ihn im Garten aufstellen. Und ich will sehen, ob ich eine Kiste und etwas Drahtgeflecht für deine Kaninchen auftreiben kann, Peter. Wie steht's mit dir, Eliane? Spielst du auch Korbball?«

»Manchmal schon«, murmelte ich und wünschte, man würde mich in Ruhe lassen. Ich fühlte mich schrecklich befangen all diesen fröhlichen, zutraulichen Kindern gegenüber. Wie unangenehm, daß Janet so versessen auf Korbball war! Ich selbst hatte mir nie viel aus Spielen gemacht. In den Ferien war ich entweder im Haus geblieben oder mit meiner Mutter einkaufen oder spazierengegangen. Ich hatte nie gelernt herumzutollen, zu springen und zu spielen.

Der Kartoffelauflauf paßte mir auch nicht, er war mir zu schwer. Ich wäre gern nach Hause gegangen. Die Tränen stiegen mir in die Augen und wären vielleicht geflossen, hätte ich nicht plötzlich bemerkt, daß Rosmarie mich geheimnisvoll ansah, das runde Gesichtchen voll mühsam unterdrückter Erregung.

»Hast du sie gesehen?« flüsterte sie, von den andern ungehört, über den Tisch hinweg, was im Lärm einer eben entbrannten heftigen Diskussion zwischen Peter und Janet wohl möglich war. Es ging bei den beiden anscheinend darum, ob sie weiße oder braune, alte oder junge, Er- oder Sie-Kaninchen haben wollten. Es schien da zahllose Möglichkeiten zu geben.

»Was?« flüsterte ich schüchtern zurück.

»Meine Überraschung«, erklärte sie leise, mit glänzenden Augen. »Was ich auf dein Kissen gelegt habe - hast du's gesehen?«

Da fielen mir die klebrigen Karamellen und der welke Zweig ein. Ich hatte gemeint, es sei Plunder, aber nun merkte ich: Es waren kostbare Dinge!

»Ja«, sagte ich, »ich hab's gesehen . . . Danke, Rosmarie.«

Plötzlich trat Stille ein. Johnny legte eine Bibel vor seinen Vater auf den Tisch. Der Vater schlug sie auf, und unvermittelt senkte sich Ruhe auf die ganze lebhafte Schar. Ich hatte immer gedacht, die Bibel sei ein todlangweiliges Buch, aber hier schien jedermann aufzumerken, sogar die kleine Rosmarie.

Ich selbst machte gar keinen Versuch zuzuhören, war ich doch überzeugt, daß ich auch beim besten Willen nichts verstehen würde. Es war von einem Weinstock und ein paar Reben die Rede, aber erst der letzte Vers ließ mich aufhorchen.

»Dies habe ich zu euch geredet, damit eure Freude vollkommen werde.«

Der Klang dieser Worte gefiel mir; ich bewegte sie in meinem Herzen hin und her. Da schlossen auch schon alle die Augen und neigten die Köpfe zum Gebet. Ich merkte es, weil Frau Moody mich manchmal das Vaterunser hersagen ließ. Aber ich spürte auch sogleich, daß dies hier etwas anderes war. Pfarrer Morton sprach anscheinend zu jemandem, der bei uns im Zimmer war, und sein Gebet schloß uns alle auf geheimnisvolle Weise in eine große Geborgenheit ein: Mama weit weg in London, die Kinder rund um den Tisch, die schlafenden Kleinsten in ihren Bettchen – wir alle, alle waren jemandem nahegebracht, der sich um uns kümmerte und uns gut und glücklich machen wollte.

Eine Stunde später, nachdem Frau Morton uns einen Gutenachtkuß gegeben hatte und Janet neben mir eingeschlafen war, lag ich wach in meinem Bett, noch ganz benommen von allem, was ich erlebt hatte. Waren bereits Jahre vergangen, seit das Taxi um die Ecke gebogen und Frau Moody meinen Blicken entschwunden war? Wieder füllten sich meine Augen mit Tränen der Verlassenheit, und ich sehnte mich nach Hause zurück. Doch da stiegen jene seltsamen Worte in mir auf, die irgendwie einen wunderbaren Trost zu versprechen schienen:

»Dies habe ich zu euch geredet, damit eure Freude vollkommen werde.«

»Was hat er wohl geredet?« fragte ich mich.

Und ich wünschte, ich hätte besser zugehört.

Als ich am folgenden Morgen erwachte, war Janet bereits fertig angezogen und traf Vorbereitungen für ihren freien Samstag zu Hause. Sobald sie sah, daß ich die Augen öffnete, fing sie an zu plaudern. Ihre Schüchternheit schien sich über Nacht verflüchtigt zu haben. Während ich mich ankleidete, hopste sie auf ihrem Bett herum und weihte mich in alle Geheimnisse der Familie ein. Bis zum Frühstück war ich soweit aufgeklärt, daß ich mich nicht mehr fragen mußte, wie man auf dem Lande die Zeit totschlagen könne. Im Gegenteil wunderte ich mich nun, wie diese Kinder es fertigbrachten, so viele Abenteuer in zwölf kurze Stunden hineinzupressen.

Nach dem Frühstück halfen alle im Haus oder Garten und fanden anscheinend Spaß daran. Janet und Rosmarie stritten sich um das Vorrecht, Anne zu essen zu geben. Die Kleine hatte uns während der ganzen Mahlzeit mit ihren Jauchzern und vergeblichen Versuchen, das runde Köpfchen durch die Stäbe ihres Laufgitters zu zwängen, köstlich unterhalten. Die beiden Mädchen ereiferten sich immer mehr, und ich begann für Annes Sicherheit zu zittern. Aber Frau Morton steckte den Kopf zur Tür herein und erinnerte die Mädchen daran, daß Rosmarie an der Reihe sei, die Kleine zu füttern. Rosmarie liebte ihre Schwester im Grunde genommen zärtlich und sagte in einer plötzlichen Anwandlung von Großmut, Janet dürfe Anne schon füttern. Aber Janet wollte nun nicht weniger großmütig sein und erwiderte: »Nein, Rosmarie, du darfst es machen. Ich helfe Emma!« - Und damit war sie zur Tür hinaus. Ich aber wunderte mich, wozu denn all die Aufregung gewesen war.

Die Buben holten Holz zum Anfeuern, Frau Morton ging in die Küche, und es war auf einmal merkwürdig still. Nur Annes Schmatzen und Glucksen und Rosmaries sanfte Stimme waren zu hören. Ich stand am Fenster. Es war wieder ein nasser Tag, und ich konnte hinter dem Gartenzaun noch immer nichts erkennen als ansteigende gelbe Felder und schwarze Umrisse von Bäumen.

Feiner Nebel hüllte alles ein. Aber es war ein leichter, heller Nebel, der eine Verheißung kommenden Sonnenscheins enthielt, und ich fragte mich mit einiger Spannung, was ich erblicken würde, wenn der Nebel sich hob. Würden es weitere endlose Felder und Hecken sein, oder lag hinter dem Nebel eine freundlichere, abwechslungsreichere Landschaft? Während ich so vor mich hinträumte, stimmte irgendwo in der unsichtbaren, geheimnisvollen Gegend ein Vogel ein klingendes, süßes Lied an.

Eine Hand legte sich auf meine Schulter und rief mich jäh in die Wirklichkeit zurück.

»Eliane, mein Liebes«, sagte Frau Morton, »willst du dein Bett machen und mir dann bei den Betten der Kleinen helfen? Nachher wollen die Kinder draußen spielen, und ich denke, du wirst gern mitgehen wollen.«

Ich blickte erstaunt und nicht sonderlich erfreut auf. Zum ersten: Weshalb sollte ich als Gast genötigt sein, mein Bett selbst zu machen? Zu Hause pflegte Frau Moody das für mich zu tun. Zum zweiten: Was in aller Welt konnte man bei solch kaltem, feuchtem Wetter draußen unternehmen? Aber ich hatte in meinem kurzen Leben gelernt, meine Gedanken für mich zu behalten. Ich folgte Frau Morton in das obere Stockwerk und widmete mich der Aufgabe des Bettenmachens. Aber da ich an Wohnungen mit Zentralheizung und elektrischen Öfen gewöhnt war, kamen mir die Schlafzimmer eiskalt vor. Mich schauderte, und ich machte ein mißmutiges Gesicht.

Frau Morton meinte:

»Auf dem Land ist es kalt im Vergleich zu London. Aber du wirst dich schnell daran gewöhnen. Du mußt dir nur recht viel Bewegung verschaffen, so wirst du bald so rosig aussehen wie Janet. Weiß du, Eliane, jetzt haben wir die unfreundlichste Jahreszeit, aber der Frühling steht vor der Tür. Jeder Tag ist ein wenig länger und heller als der vorhergehende. Bald werden überall Blumen wachsen. Dann wird es dir bei uns gefallen.«

Auf einmal begann sie von meiner Mutter und ihrer gemeinsamen Schulzeit zu erzählen. Das fesselte mich. Ich hörte aufmerksam zu und mußte sogar lachen. Es kam mir deshalb ganz ungelegen, als ein allgemeines Getöse im unteren Flur anzeigte, daß die Kinder bereit waren, ins Freie zu gehen.

Johnny kam die Treppe heraufgestürmt, wobei seine Stiefel gegen die Teppichstangen schlugen, und rief laut:

»Mami, ich hab' einen toten Hasen gefunden. Wir machen eine Beerdigung. Hast du eine alte Schuhschachtel?«

»Oh«, sagte Frau Morton leicht beunruhigt, »hoffentlich ist es nicht ein Hase, der schon allzu lange tot ist!«

Janet antwortete beschwichtigend:

»Nein, nein, Mama, es ist ein eben erst gestorbener, er fühlt sich noch warm an.«

Die Mutter eilte mit Zeitungen und einer Pappschachtel die Treppe hinunter.

»Wickelt ihn in diese Zeitung und in ein paar große Blätter und legt ihn in die Schachtel. Aber rührt ihn nicht mehr an! Und du, Johnny, wasch dir die Hände!«

»Ich spiele nicht Beerdigung«, verkündete Peter überlegen. »Das ist etwas für Kleine. Ich gehe klettern!«

»Ach nein, Peti!« rief Janet bestürzt. »Wir spielen doch immer erst etwas mit den Kleinen. Du brauchst nicht im Leichenzug zu gehen. Du kannst vorauslaufen und das Grab ausheben. Dann läutest du die Glocke, und ich spiele den Pfarrer. Wir müssen auch einmal etwas unternehmen, was den Kleinen gefällt. Wir können nachher klettern gehen!«

Wie ich später herausfand, liebte Janet Begräbnisse über alles. Sobald Peter davongegangen war, um ihren Vorschlag auszuführen, nahm sie die Sache ernsthaft in die Hand.

»Jedermann holt Blätter und Tannenzweige!« befahl sie. »Die Schachtel muß schön aussehen.«

Sie wurde von Robert unterbrochen, der mit rotem Gesicht in unsere Mitte platzte. Er hatte soeben mit Emmas Hilfe einen siegreichen Kampf mit seinen Schaftstiefeln ausgefochten. Er wußte nicht, was ein Begräbnis war, wollte es aber um keinen Preis verfehlen.

»Wobi kommt zu Beed'gung«, sang er vergnügt, »und Jumbo-Efanti, Jumbo kommt zu Beed'gung auch!«

»Gut, gut, du darfst die Schuhschachtel ziehen, Robi«, erlaubte Janet freundlich. »Jumbo ist ein schwarzes Pferd. Wir binden ihm die Schachtel mit einer Schnur an den Schwanz. Du mußt Jumbo dem Leichenzug voranführen. Ich bin der Taxifahrer und schiebe Rosmarie und Johnny als Trauergäste im Schubkarren hintennach.«

»Aber du bist doch der Pfarrer!« warf Rosemarie ein.

»Nicht, bevor wir dort sind. Oh, Eliane ist ja auch noch da! Ich hatte sie ganz vergessen. Du kannst hinterhergehen, Eliane, und Blumen tragen!«

»Es gibt doch keine«, sagte ich kalt. Sie kamen mir samt und sonders verrückt vor.

»So nimm einen Eichenzweig«, befahl Janet und zeigte auf einen Baum beim Gartentor. »Und nun vorwärts, sonst wird Peter ärgerlich!«

Wir kamen äußerst langsam voran. Jumbo, ein merkwürdiges, formloses Gebilde mit vier Beinen, einem Rüssel und einem Schwanz, wurde nämlich Schritt um Schritt den Gartenweg hin-

abgeführt. Die Schachtel polterte hinter ihm her. Nach einer Weile läutete Peter mit der Essensglocke Sturm hinter der Lorbeerhecke, und schließlich wurde auch der Taxifahrer ungeduldig. Er überholte den Leichenwagen und warf dabei die Trauergäste in die Rosenkohlstauden. Das betrübte den Leichenwagenfahrer so sehr, daß er mit einem Erdnüßchen aus der Tasche des Totengräbers getröstet werden mußte, bevor die Begräbnisfeier ihren Fortgang nehmen konnte.

Was ich hinter der Hecke sah, versetzte mich in nicht geringes Erstaunen. Da war ein hübscher kleiner Tier-Friedhof mit winzigen Gräbern. Sie waren alle mit Kieselsteinen eingefaßt und trugen hölzerne Kreuze. Auf manchen waren Namen eingeritzt und mit Tusche nachgezogen. Hier lagen Drosseln und Hasen, ein Eichhörnchen, eine Maus und Schwarzpelz, das Kätzchen. Und am Ende des Friedhofs war ein frisch ausgehobenes Loch, mit Lorbeerblättern ausgelegt, bereit, das arme Häschen aufzunehmen. Es wurde behutsam hineingelegt. Rosmarie streute einige Winter-Gänseblümchen darüber. Nachdem das Grab zugeschaufelt worden war, hielt Janet eine Predigt für die beiden Leidtragenden und mich. Der Totengräber war weggegangen, und der Leichenwagenführer machte einen Erdkuchen für Jumbo.

»Wir wollen ein Lied singen«, schlug Rosmarie am Ende der Ansprache vor. »Wir singen, was wir kürzlich in der Sonntagschule gelernt haben:

Um den goldnen Thron im Himmel
stehn viel tausend Kinderlein.«

»Sollen wir singen: Stehn viel tausend Häselein?« fragte Johnny.

»Auf keinen Fall«, wehrte der Pfarrer rasch ab, »das wäre sehr schlimm.« Aber er fing an zu kichern und konnte nicht mehr aufhören, so daß die Leidtragenden allein singen mußten. Als die letzten Worte verklungen waren, sagte Janet:

»Kommt, wir wollen gehen. Ich suche Peter, dann klettern wir auf einen Baum und wollen Pläne schmieden.«

Sie ergriff den Schubkarren und ließ Robert samt Jumbo reiten. Ich folge mit Johnny. Nur Rosmarie blieb zurück. Sie liebte den kleinen Friedhof, denn sie stellte sich jedes Grab als Eingang eines langen Ganges vor, durch den der Begrabene ging, bis er endlich das Himmelstor erreichte. Und dort, ob man mit der Pfote anklopfte oder mit dem Schnabel tickte oder mit den Klauen kratzte, öffnete sich die Tür weit, und man stand mitten auf einer sonnigen Wiese voll immerblühender Blumen, wo es nichts mehr gab, das weh tat oder tötete oder zerstörte.

An diesem Tag wußte ich freilich noch nichts von alledem. Ich fragte mich nur, weshalb Rosmarie so still auf der feuchten Erde hinter der Lorbeerhecke knien blieb.

Heiße Schokolade und Butterbrote erwarteten uns am Küchenfenster. Dann gingen wir alle wieder davon. Nur Robert kroch zu der Katze unter den Küchentisch. An seiner Stelle nahmen wir Nero mit. Nero durfte bei Beerdigungen nicht mitkommen, weil er einmal, als er ein Leidtragender hätte sein sollen, so geschmacklos gewesen war, den Hasen anzubeißen, der eben beerdigt werden sollte.

Wir eilten Peter nach, der schon vorausgegangen war. Am Gartentor stieß Rosmarie zu uns. Wir liefen einen schmutzigen Pfad hinunter, der mit weißglänzenden Birkenstämmen gesäumt war. Peter saß bereits mit baumelnden Beinen auf einem niedrigen Ast. Er sagte:

»Wir haben keine Zeit zu verlieren. Ich muß nachher den ganzen Nachmittag an meinem Kaninchenstall arbeiten.«

»Zuerst Rosmarie«, befahl er und legte sich flach auf den Ast. Janet schob, und Peter faßte Rosmarie bei den Händen und zog sie hinauf. Sobald sie rittlings auf dem Ast saß, begann die Kleine, sich Stück für Stück in die Höhe zu arbeiten. Johnny tat es ihr gleich.

Mich selbst erfaßte panischer Schrecken. Ich war in meinem Leben noch nie auf einen Baum geklettert und war überzeugt, daß ich es niemals zustande bringen würde.

»Komm nur, Eliane!« ermutigte mich Peter. »Du kannst den Ast gut selber erreichen. Spring und schlag die Beine hinauf, dann schwing den ganzen Körper nach!«

Aber ich wußte, daß ich nichts Derartiges wagen durfte. Ich würde mich nur lächerlich machen und mir wehtun. Ich kehrte ihm den Rücken und rief über die Achsel zurück:

»Nein danke, ich klettere nicht gern; das ist kindisch. Ich gehe lieber nach Hause.«

Ich wandte mich nicht um, um die Wirkung dieser Bemerkung zu sehen. Aber es wurde einen Augenblick verdächtig still. Dann sagte Peter:

»Kümmere dich nicht um sie, Janie. Sie ist zu eingebildet für uns. Spring, ich zieh dich!«

Ich ging langsam zurück. Die Tränen, die ich vor Stolz nicht weinen wollte, brannten in meinen Augen. Diese gräßlichen Kinder, sie würden mich bestimmt nie gern haben! Und ich würde weder sie noch ihre dummen Spiele mögen. Ich hatte schreckliches Mitleid mit mir selbst. Es fiel mir gar nicht ein, daß ich mir die Mühe machen sollte zu lernen, was ich nicht konnte und wovor ich mich fürchtete.

»Ich hasse das Land, und ich hasse Peter«, murmelte ich. »Ich werde Mami schreiben, daß ich sehr, sehr unglücklich bin und sofort nach Hause gehen will. Ich will nicht an einem Ort bleiben, wo ich unglücklich bin. Warum sollte ich das?«

Ich hatte eine kleine Anhöhe erreicht und wagte einen Blick zurück. Die vier hockten auf einem hohen Ast wie eine Reihe vergnügter Äffchen und baumelten mit den Beinen. Sie saßen eng aneinander geschmiegt und redeten wahrscheinlich alle durcheinander. Wie dumm sie doch waren! Doch der Anblick ihrer Dummheit machte mich noch elender. Man ist so einsam, wenn man vernünftig ist!

Auf einmal sah ich etwas anderes. Die Sonne begann den Nebel in Fetzen zu zerreißen und hindurchzuscheinen. Durch den immer dünner werdenden Schleier erblickte ich ein Land, das sich in die Weite dehnte. Und wahrhaftig, wohin ich schaute, war die Sonne am Triumphieren. Rauchschwaden gleich flogen die Nebelfetzen ins Blaue hinaus, und wie ausgefranste Tücher verfingen sie sich in den Ästen der Bäume. Hinter gepflügten Äkkern und Feldern, auf denen da und dort kleine Baumgruppen standen, konnte ich hohe Hügel erkennen, und auf einer Seite lag zwischen zwei Landzungen breitgestreckt das Meer.

Über allem sangen die Vögel. Auf einem Stechpalmenstrauch in meiner Nähe streckte ein Rotkehlchen die Brust heraus und trillerte vor Lust. Die Brust war so rot wie eine Beere! Wohin ich mich wandte, konnte ich Vögel voller Frühlingserwartung zirpen, zwitschern und jubilieren hören. Einen Augenblick lang war ich beinahe glücklich.

Aber wie konnte ich glücklich sein, wenn kein Mensch sich um mich kümmerte? Wenn ich nicht tun konnte, was ich wollte? Die Felder ringsum, noch nebelfeucht, glänzten silbrig, und in der Luft lag ein Glitzern. Aber meine Augen waren von Tränen verschleiert und konnten das Licht nicht sehen. Doch das Rotkehlchen auf der Stechpalme sang unentwegt weiter.

Das Ende des Regenbogens

Nie werde ich meinen ersten Sonntag auf dem Land vergessen.

Zu Hause waren die Sonntage ziemlich langweilig gewesen. Frau Moody setzte sich gewöhnlich einen imposanten schwarzen Hut auf und ging davon, um eine Stunde in einem häßlichen hohen Gebäude am unteren Ende der Straße zu verbringen. Sie kam jedesmal in ganz besonders brummiger Stimmung heim; sie schüttelte den Kopf und rümpfte die Nase wegen jeder Kleinigkeit. Mama blieb fast immer bis zum Mittagessen liegen und ging nach dem Tee aus. Der Sonntag war ein langer, langer Tag, an dem ich recht einsam war.

Hier aber schlüpfte jeder in seine besten Kleider, und zu meinem nicht geringen Erstaunen hörte ich, daß wir alle zur Kirche gehen sollten. Wir schlugen einen schmutzigen Weg durch die Felder ein. Obwohl es wieder neblig war, pfiffen die Vögel. Ich war froh, daß Peter mit seinem Vater vorausging. Ich war nicht an den Umgang mit Jungen gewöhnt und verspürte eine heftige Abneigung gegen ihn. Janet hopste auf dem ganzen Weg übermütig umher und sprang über Wasserlachen und Grasbüschel. Johnny und Rosmarie hingen an der Hand ihrer Mutter und schwatzten unaufhörlich drauflos, ohne eine Antwort zu erwarten. Emma war zu Hause geblieben, da sie an der Reihe war, Robert und Anne zu hüten.

Ich ging etwas abseits und wünschte, ich wäre anderswo als auf dem Weg zur Kirche. Ich war überzeugt, daß ich mich gräßlich langweilen würde, und ich konnte nicht einsehen, weshalb man Kinder an einen solchen Ort schleppen sollte. Aber der Klang der Kirchenglocken drang beharrlich durch den Nebel, und bald hatten wir den Vorplatz erreicht, wo bereits einige Leute auf Frau Morton warteten. Anscheinend war sie allgemein beliebt. Es war noch früh. Alle plauderten miteinander. Während ich schweigsam danebenstand und wartete, entdeckte ich plötzlich etwas, das mich den Atem anhalten ließ: Der alte Friedhof war über und über mit Schneeglöckchen bedeckt; sie standen dicht beieinander auf den Gräbern und büschelweise im Gras. Man *mußte* sie von nahem betrachten! Alles um mich her vergessend, bückte ich mich und bewunderte die teils durchsichtigen Knospen, teils weit geöffneten Kelche. Nie zuvor hatte ich solch fleckenlose Schönheit und Reinheit gesehen.

Besonders dicht wuchsen die Blumen um einen uralten, schiefen Grabstein herum, der ganz von Efeu überwuchert war. Seine Inschrift war so verwittert, daß man sie kaum lesen konnte. Die meisten Steine trugen Inschriften in walisischer Sprache; diese aber war englisch. Ich versuchte die Worte zu entziffern, die zwischen den Efeuranken sichtbar waren: »David Davies, 1810-1880 . . .« Die nächsten Worte waren ganz verblichen. Mit Mühe vermochte ich den Schluß zu entziffern: ». . . ist Freude die Fülle.«

Oh, diese Worte hatte ich schon einmal gehört, wenigstens etwas Ähnliches. Solch einen Vers hatte der Pfarrer vorgelesen. Dieser aber klang noch schöner: »Irgendwo . . . ist Freude die Fülle!«

Wie mochten die fehlenden Worte lauten? Wo gab es Freude die Fülle?

Janet weckte mich aus meinen Gedanken, indem sie mir einen freundschaftlichen Stups gab.

»Komm, Eliane, wir gehen hinein!«

Im Gänsemarsch schritten wir zu unseren Plätzen. Johnny, der sich gern etwas hervortat, trat viel lauter auf als nötig und lächelte strahlend nach allen Seiten. Er legte sein Taschentuch, sein Gesangbuch und sein Geldstück sorgsam in einer Reihe neben sich auf die Bank und schichtete drei Sitzkissen übereinander, um sicher zu sein, daß er über die Köpfe sehen und selbst gesehen werden konnte, wenn die Gemeinde sich erhob. Nach einigem Hin und Her kamen wir alle zur Ruhe, und der Gottesdienst begann.

Meine Gedanken schlugen augenblicklich ihre eigene Richtung ein. Ich versuchte gar nicht zuzuhören! Ich wiederholte für mich andauernd die Worte, die ich soeben auf dem Kirchhof gelesen hatte: »Freude die Fülle . . . Freude die Fülle.«

Ohne Zweifel, diese Worte bildeten das Herzstück irgendeines gewaltigen Geheimnisses, und - wer weiß? - die fehlenden Worte enthielten vielleicht den Schlüssel dazu. Wo oder worin konnte Freude die Fülle zu finden sein? Und was war das: Freude die Fülle? Jedenfalls nichts, was ich in meinem armseligen Leben als verwöhntes Kind schon je kennengelernt hatte, und doch etwas, nach dem mich brennend verlangte. Während ich so, in Sehnsucht befangen, alles um mich vergaß, geschah etwas Wunderbares. Die Sonne drang durch die Nebelmassen, und die Kirche war plötzlich mit goldenem Licht erfüllt. Dieses Licht verwandelte die trüben Fensterscheiben, rieselte über die hellen Haarschöpfe und weißen Gewänder der Chorknaben, unter denen Peter stand, weckte glitzernde Sterne in Rosmaries fragenden Augen und erwärmte und segnete uns alle. Unsere Gesichter hoben sich in andächtiger Freude dem Wunder des Sonnenscheins entgegen. Ich warf einen Blick auf Janet. Sie stand mit zurückgeworfenem Kopf und sang mit ganzer Seele.

Eine Sekunde lang vermeinte ich zu wissen, was Freude die Fülle sei. Sie verwandelte alles, selbst die häßlichen Dinge, und machte die langweiligen, gewöhnlichen Dinge köstlich und schön. Doch eben, als diese Erkenntnis in mir aufdämmerte, legte sich eine Wolke vor die Sonne, und die Kirche lag wieder im Schatten.

Als wir ins Freie traten, regnete es, und wir stürmten heimwärts wie freigelassene Füllen. Nero kam uns entgegengesprungen und führte sich auf, als hätte er ebenfalls eine Stunde lang stillsitzen müssen. Er versuchte, an uns hochzuspringen und uns mit seinen schmutzigen Pfoten zu begrüßen, was unseren Sonntagsmänteln gar nicht gut bekam. Naß, mit geröteten Wangen und warmgelaufen, kamen wir im Pfarrhaus an.

Da es nach dem Essen noch immer regnete, sammelten wir uns erwartungsvoll ums Kaminfeuer. Später sollten wir zur Sonntagschule gehen, aber jetzt wurde ein Schrank geöffnet, der Bücher, Puzzles und andere Spiele enthielt, die nur sonntags oder wenn jemand krank war, herausgenommen wurden. Die Schachtel Schokolade, die ich mitgebracht hatte, kam ebenfalls zum Vorschein. Ich war froh darüber, denn zu Hause hatte meine Mutter mir ständig Süßigkeiten zugesteckt, von denen ich aß, sooft ich wollte. Hier aber wurden solche Sachen anscheinend für sonntags nach dem Mittagessen und für gemütliche Abendstunden ums Feuer aufgespart und waren deshalb eine außergewöhnliche Angelegenheit. Ja, Johnny hatte bereits auf dem Heimweg von der Schokolade geredet.

Es dauerte lange, bis alle einig waren, wer was aus dem Schrank haben sollte, und noch länger, bis die Schokolädchen ausgewählt waren. Aber schließlich legte sich eine ungewohnte Stille auf die lebhafte Gesellschaft. Peter und Janet vertieften sich in Bücher, und Rosmarie, die die Hälfte ihrer Schokolade Nero gegeben hatte, hielt ihn umschlungen und las ihm eine Geschichte vor. Johnny formte aus Plastilin sämtliche Tiere der Arche Noah, und Robert hatte sich davongetrollt, um seiner geliebten Emma zu »helfen«. Frau Morton war im oberen Stock mit Anne beschäftigt. Außer Rosmaries leise murmelnder Stimme und dem Geräusch schleckender Kindermäuler war kein Laut zu hören.

Ich saß am Tisch, um meiner Mutter zu schreiben. Aber es wollte mir nicht viel einfallen. »Liebe Mama«, hatte ich angefangen, »bitte, komm und hole mich heim. Es gefällt mir hier nicht, und die Kinder wollen nicht mit mir spielen, und es ist entsetzlich kalt.« Ich kaute an meinem Federhalter und starrte in den Garten hinaus, um weitere Gedanken zu finden. Der Regen hatte nachgelassen, auf den Sträuchern glänzte es silbrig auf, und - oh, dort stand ja der leuchtendste Regenbogen, den ich je gesehen hatte! Die Kinder am Feuer, mit ihrem Rücken gegen das Fenster, merkten nichts, und ich sagte nichts. Es war *mein* Regenbogen, und ich wollte ihn für mich allein behalten.

Ich hatte von verborgenen Schätzen gelesen, die genau dort vergraben waren, wo der Regenbogen die Erde berührte. Dieser berührte sie nicht weit von hier, am Abhang, hinter einer alten Steinmauer. Im Grunde glaubte ich nicht mehr an Märchen und verborgene Schätze, aber es würde doch schön sein, hinauszulaufen und mitten in dem vielfarbigen Leuchten zu stehen.

Leise erhob ich mich, nahm mein Schreibzeug und ging zur Tür. Zu meiner Erleichterung fragte niemand, wohin ich gehen wollte. Peter und Janet waren leidenschaftliche Leser, und ich interessierte sie ohnehin nicht sehr. Mein Mantel hing im Flur; ich schlüpfte hinein, drückte vorsichtig auf die Türklinke und entwischte.

Den feinen Regen im Gesicht und den blasser werdenden Regenbogen vor Augen, trottete ich den Abhang hinauf. Als ich mein Ziel erreichte, war der Regenbogen ganz verschwunden, und die Sonne schien.

Ich schaute an der Mauer empor,die das Stück Märchenland umschloß, wo der Regenbogen die Erde berührt hatte. Efeu hing wie in Vorhängen über die Mauer herab, sie sah geheimnisvoll und verlockend aus. Ich folgte ihr, bis sie im rechten Winkel abbog, dann um eine weitere Ecke, bis ich auf eine grüne Holztür stieß. Ich spähte durch die Ritzen zwischen den Latten und sah, daß innerhalb der Mauern ein kleines rotes Haus inmitten eines Gartens stand.

Ich drückte auf die Klinke. Die Tür war verschlossen. Das Haus schien leer zu stehen. Plötzlich zog es mich mit Macht in diesen geheimnisvollen, verlassenen Garten.

Hohe Bäume wuchsen ringsum, deren Äste über die Mauer hingen. Für Peter oder Janet wäre es eine Kleinigkeit gewesen hinüberzuklettern. Mir erschien es beinahe unmöglich. Ich strich die Mauer entlang und kam bald zu einem Weißdornbusch, hinter dem sie etwas abgebröckelt war. Ich fand gute Tritte für die Füße und kletterte nun mühelos hinauf, hielt mich am Ast eines Apfelbaumes fest, der sich eigens zu meinem Willkommen auszustrecken schien, und plumpste ins nasse Gras. Es war das allererste Mal, daß ich solch eine Akrobatik unternommen hatte. Vor Zuschauern hätte ich es niemals gewagt.

Zuerst blieb ich regungslos stehen. Ich war ziemlich erschrokken über meine Tat. Aber die Stimmen der Vögel ermutigten mich; der Garten war erfüllt von ihrem Gezwitscher. Auf den Blumenbeeten wucherte Unkraut, aber dazwischen wuchsen Büschel von Schneeglöckchen. Es war ein unordentlicher Garten, voll von totem Laub. Manche Pflänzchen hatten sich wohl mitten durch die Blätter ans Licht hinaufarbeiten müssen - ein dürres Blatt hing ihnen wie ein Reif um den Stengel.

Ich wagte vorsichtig ein paar Schritte und betrachtete das Haus. Ja, es war unbewohnt. Die Fenster waren geschlossen und dunkel verhängt, und quer über der Haustür hingen große, verstaubte Spinngewebe. Wahrscheinlich hatte schon lange niemand mehr hier gewohnt.

Ich wandte mich wieder dem Garten zu. Gern hätte ich die genaue Stelle gewußt, wo der Regenbogen auf dem Boden aufgestoßen war. Auf einmal wußte ich es: Dort mußte es gewesen sein, dort, wo der Rasen eine kleine Erhebung bildete, wo kein Laub lag, dafür aber wie hingestreut, lauter Winterlinge sproßten, jetzt noch als winzige, feste Bällchen, die goldhaarigen Kinderchen mit sauberen grünen Sonntagskragen glichen.

Schneeglöckchen hatte ich oft in Blumengeschäften und am

Fuß großer Bäume in öffentlichen Gärten gesehen, aber solche wie hier noch nie. Ich bezweifelte, daß sie anderswo so schön und groß sein konnten wie in »meinem Garten«. Lange stand ich mitten unter den Blumen. Dann lockte mich ein Duft, der so süß und stark war, daß ich ihm nachgehen mußte. Er stammte von einem Busch an der Hausmauer, dessen Namen ich nicht kannte.

Allmählich wurde ich mutiger, und schließlich verlor ich alle Furcht und untersuchte mein Königreich von einem Ende bis zum andern. Ich beschloß, niemandem ein Sterbenswörtchen davon zu sagen. Hierher wollte ich kommen und ganz allein spielen. Da machte es nichts aus, daß ich nicht auf Bäume klettern und bei all den andern dummen Spielen mitmachen konnte!

Eine weitere Entdeckung gab mir eine noch größere Sicherheit: An der Rückseite des Hauses lehnte eine halbverfaulte Leiter. Ich schleppte sie über den Rasen und stellte sie gegen die Mauer. Sie trug mein geringes Gewicht, und ich konnte ohne Mühe den Garten verlassen.

Ich hatte keine Ahnung, wie lange ich weggeblieben war, noch, was man zu meiner Abwesenheit sagen würde. Jedenfalls färbte sich der Himmel über den westlichen Hügeln bereits wie bei Sonnenuntergang, und die Vögel hatten fast alle aufgehört zu pfeifen. Einzig eine verspätete Amsel schmetterte noch auf einem Apfelbaum unermüdlich ihr Lied.

»Freude die Fülle«, sang sie, »Freude, Freude die Fülle!«

Die Familie saß bereits beim Abendbrot, und die Kinder sprachen, wie üblich, alle durcheinander.

»Wo bist du gewesen?« rief Janet vorwurfsvoll. »Papa hat dich gesucht, und du hast die Sonntagschule verpaßt.«

»Wir haben gemeint, du seist im Fluß ertrunken«, schrie Johnny vergnügt.

»Oder von Zigeunern gestohlen worden«, piepste Rosmarie und machte kugelrunde Augen.

»Oder davongelaufen«, ergänzte Peter mit vollem Munde.

»Wo bist du gewesen?« drängte Robert, und seine Augen strahlten mich über die Milchtasse hinweg an.

Etwas Gutes hatten diese Kinder: Sie stellten so viele Fragen, daß gar keine Zeit für eine Antwort oder Erklärung blieb. Und ich wollte auch nichts erklären. Etwas ängstlich schaute ich zu Frau Morton hinüber, um zu sehen, ob sie erzürnt sei. Jedenfalls schien sie erleichtert zu sein, daß ich wieder hier war.

»Bis du die Gegend besser kennst, Eliane«, mahnte sie freundlich, »solltest du allein nicht so weit gehen. Die Wege können recht irreführend sein. Jetzt hört einmal auf, Fragen zu stellen, ihr alle! Sie kann nicht sagen, wo sie gewesen ist. Sie ist ja erst vorgestern angekommen!«

Doch kaum war die Mahlzeit beendet, rief sie mich in die Küche. Sie setzte sich ans Fenster, zog mich an sich und fragte mich nun selbst, wo ich gewesen wäre.

»Ich bin bloß spazierengegangen«, entgegnete ich störrisch. »Es ist doch nichts Böses dabei, allein spazierenzugehen, oder?«

»O nein«, antwortete sie ruhig, »es ist gar nichts Böses dabei. Janet geht oft allein spazieren. Ich fürchte nur, du könntest dich verlaufen, weil du die Gegend noch nicht kennst. Sag es mir lieber, wenn du allein ausgehen möchtest, Eliane, dann weiß ich immer, wo du bist.«

Ich war ziemlich erstaunt über diese Worte. Ich hatte erwartet, daß Frau Morton erzürnt wäre über mich, aber sie war es nicht im geringsten. Sie sah nur aus, als zerbräche sie sich den Kopf, weshalb ich gern allein sein wollte. Ich hatte sogar den Eindruck, sie würde versuchen, mir zu helfen, wenn ich ihr meinen Standpunkt begreiflich machen könnte. Deshalb murmelte ich:

»Frau Morton, sehen Sie die Mauer dort oben?«

Sie kniff die Augen zusammen und schaute in die Dämmerung hinaus. Über den Hügeln hinter »meinem Haus« zogen sich orangefarbene Striche durch den Abendhimmel, und die Mauer war gerade noch sichtbar.

»Ja?«

»Ich werde nie weiter als bis dorthin gehen - nur gerade um die Ecke. Dort ist eine besondere Stelle, wo ich spielen möchte. Und bitte, Frau Morton, lassen Sie mich dort allein sein! Helfen Sie mir, daß die andern mich nicht suchen! Ich spiele lieber allein.«

Sie lächelte verständnisvoll, war sie doch an »besondere Plätze« gewöhnt. Alle ihre Kinder hatten solche. Peter und Janet hatten einen miteinander auf dem höchsten, windumwehten Felsenriff am Strand; Rosmaries Platz war der Tierfriedhof, und Johnnys Lieblingsplatz befand sich hinter dem Abfallhaufen. Sogar Robert hatte seinen Ort für schwierige Augenblicke: unter der Schürze seiner Mutter.

»Du kannst dort spielen, sooft du willst, Kind«, sagte sie freundlich. »Du bist es ja gewohnt, dich allein zu unterhalten, nicht wahr? Ich hoffe aber trotzdem, daß du manchmal auch mit Peter und Janet spielen wirst. Sie würden sich freuen.«

Ich antwortete nicht. Die Hauptsache war, daß ich erreicht hatte, was ich wollte. So sagte ich steif:

»Ich bin noch nicht fertig mit dem Brief an meine Mutter.«

Ich ging ins Eßzimmer, wo ich mein Gekritzel vom Nachmittag zerriß und von vorne anfing: »Liebe Mama, ich hoffe, es geht Dir gut. Mir gefällt es auf dem Lande. Ich möchte gern lange hier bleiben . . .«

Ich hielt inne. Wie würde mein Garten später aussehen? Vielleicht würde er sich als ein »Frau-Moody-Garten« entpuppen, voller Stiefmütterchen, Rosen und Lilien, und ich würde ganz allein zuschauen, wie alles aufblühte. Ich vergaß zu schreiben. Ich saß still und träumte.

Eine ganze Woche sollte jedoch vergehen, bevor ich zu meinem Garten zurückkehren konnte, denn am folgenden Morgen begann die Schule, die meine Zeit und Aufmerksamkeit voll in Anspruch nahm. Ich verglich die derben Waliser Kinder mit meinen eleganten Kameradinnen in London und zog meine eigene Gesellschaft der ihrigen vor, obwohl Janet ihr möglichstes tat, um mich bei ihnen einzuführen. Aber Janet war äußerst beliebt, so daß sie mich in der munteren Mädchenschar, deren Mittelpunkt sie meist war, immer wieder aus den Augen verlor und vergaß.

Draußen war der Nebel einer seltsamen, weißen Helligkeit gewichen. Am Mittwoch begann es zu schneien, und als wir aus der Schule kamen, lag der Schnee mehrere Zentimeter hoch auf den Wiesen. Die Kinder gerieten alle aus dem Häuschen vor Freude und begannen unverzüglich, sich mit Schneebällen zu bewerfen. Ich erwischte einen in den Halsausschnitt, und da ich so etwas nicht gewohnt war, verlor ich sofort die Beherrschung und geriet in eine regelrechte Wut. Janet errötete vor Scham und beschwor mich in erregtem Flüsterton, mich doch zusammenzureißen. Aber die anderen Mädchen kicherten und zogen sich von mir zurück. »Die ist nichts wert«, sagte eine. Das Spiel ging weiter, aber niemand warf mehr nach mir. Von diesem Augenblick an war ich vom Spiel ausgeschlossen.

Auf dem Heimweg stapften Janet und ich trübselig und scheu nebeneinander her. Beim Gartentor kam Peter uns entgegengestürmt und rief:

»Komm rasch, Janie! Ich darf Herrn Jones helfen, die Schafe einzutreiben. Ich hab ihn unterwegs getroffen, und er hat gesagt, wenn wir uns nicht beeilen, werden ein paar Mutterschafe in den Gräben eingeschneit. Er meint sogar, eines werde heute nacht Lämmer bekommen. Gib Eliane deine Schulmappe und komm!«

Froh, von mir wegzukommen, warf mir Janet ihre Mappe zu und stürmte mit Peter den Abhang hinauf. Sie forderte mich nicht auf, sie zu begleiten, und es war mir recht so. Meine Finger und Zehen waren steif vor Kälte und mein Kragen naß vom Schneeball. Ich trat ins Haus und ging in mein Schlafzimmer hinauf, wo ich mich aufs Bett setzte und zum Fenster hinausstarrte.

Große Flocken segelten aus einem tiefverhängten, grauen Himmel herab. Schon bildeten sich Schneewälle an der Mauer meines Gartens. Ich begann mich zu fragen, wie es drinnen aussehen mochte. Die Schneeglöckchen und Winterlinge waren sicher zugeschneit, und ich fragte mich, ob sie sterben müßten. Hoffentlich nicht! In diesem Augenblick trat Frau Morton ins Zimmer und rief aus:

»Aber Eliane, was tust du da in deinen nassen Kleidern? Du mußt sofort deine Schuhe und Strümpfe ausziehen und ans Feuer kommen. In diesem eiskalten Zimmer kannst du dir ja den Tod holen! Wo steckt Janet?«

»Sie ist mit Peter gegangen, um Schafe heimzuholen. Frau Morton, müssen die Blumen sterben, wenn der Schnee sie zudeckt?«

Frau Morton war bereits daran, mir die Strümpfe von den Beinen zu ziehen und meine kalten Füße mit ihren starken, warmen Händen zu reiben. Sie lachte gutmütig über meine Frage und meinte:

»Du liebe Zeit, nein. Unter dem Schnee geschehen wunderbare Dinge. Die Blumenkelche schließen sich, die Wurzeln aber treiben in die Tiefe und ziehen Feuchtigkeit herauf, und die Knollen und Knospen legen Wasservorräte an und werden immer dicker. Wenn dann ein sonniger Tag den Schnee zum Schmelzen bringt, treibt der nächste die Blumen im Handumdrehen hervor.«

Ich mußte gegen meinen Willen lächeln, denn ich sah sie plötzlich vor mir, die Rosen und Lilien, wie sie so eilig trieben, daß ich fast zuschauen konnte, wie sich ihre Blumenblätter entfalteten. Außerdem fühlten sich meine Zehen allmählich wieder an, als gehörten sie wirklich zu mir, und durchs Treppenhaus strömte ein köstlicher Duft von frisch geröstetem Brot. Ich fühlte mich getröstet und ging Hand in Hand mit Frau Morton hinunter.

Der Schnee hielt zwei Tage an. Auf Wunsch ihrer Mutter nahmen mich Peter und Janet mit, als sie am folgenden Abend wieder zu den Schafen gingen. Der Himmel war gelblich-rot getönt, und seltsame blaue Schatten lagen über dem Schnee. Die Bäume sahen aus wie schwarze Scherenschnitte, die auf den abendlichen Himmel geklebt waren.

In der Scheune, in die man die Schafmütter brachte, wenn ihre Lämmer zur Welt kamen, trafen wir eine Mutter, die am selben Morgen Drillinge geboren hatte. Herr Jones hatte den größten Teil der Nacht bei ihr gewacht. Jetzt lag sie friedlich auf einem Haufen Stroh, und zwei winzige, runzlige Lämmer sogen sich an ihren Zitzen voll.

»Wo ist das dritte?« fragte Janet.

»Hier«, erwiderte der Schäfer und hob ein krauses Fell in die Höhe. »Es wurde tot geboren; ich habe ihm gleich das Fell abgezogen.«

»Was wollen Sie damit machen?« fragte Peter.

»Das werdet ihr gleich sehen«, sagte der Schäfer und ging mit Peter und Janet auf den Fersen über den verschneiten Hof. Ich blieb zurück. Die Scheune mit ihrem Gemisch von Schafs-, Leder- und Strohgerüchen gefiel mir, und von meinem Sitz auf dem Sägeklotz aus konnte ich die Lämmer und ihre müde Mutter so schön überblicken. Draußen war es dunkel geworden. Im Stall brannte eine Laterne.

Die Lämmer waren satt und schmiegten sich eng zusammengerollt an ihre Mutter. Die Welt, in die sie hineingepurzelt waren, mußte ihnen gar kalt vorkommen, und sie waren noch so winzig!

Irgendwo bellte ein Hund, und ein Nachtvogel antwortete mit seinem gespensterhaften Schrei. Die Lämmer drückten sich noch enger an die schützende Flanke des Mutterschafes. Weder Schnee noch Dunkelheit noch nächtliche Raubtiere vermochten ihnen zu schaden. Sie waren warm, geborgen und zufrieden.

Draußen knirschte der Schnee, und gleich darauf trat Herr Jones mit den Kindern in die Scheune. Auf den Armen trug er ein drittes Lamm, das sich ebenso vertrauensvoll an ihn schmiegte wie die Zwillinge an ihre Mutter.

»Schau, Eliane«, flüsterte Janet aufgeregt, »es ist eine Waise; seine Mutter ist gestorben. Herr Jones will ihm das Fell des toten Lammes anziehen und sehen, ob dieses Mutterschaf es annimmt.«

Das winzige Ding sah urkomisch aus, nachdem der Hirte ihm das Fell umgebunden hatte. Er trug es zu der zufriedenen Gruppe hin und legte es sanft an die Flanke der Schafmutter. Sie wandte sich ihm zu und schnüffelte überrascht. Dann legte sie ein Vorderbein schützend über das kleine Wesen und erklärte es damit zu ihrem Eigentum. Das komische Geschöpfchen wand sich, als wollte es um Zulassung bitten, und dann, bebend vor Freude, schob es das Köpfchen unter das Muttertier. All sein Verlangen war gestillt.

Aber es hatte nicht mit seinen Stiefbrüdern gerechnet. Sie hoben zornig die Köpfe und begannen nach ihm zu stoßen. Wer weiß, vielleicht fühlten sie bereits unter der Haut die stumpfen Hörnchen wachsen! Der erschrockene kleine Eindringling rückte zitternd vom Muttertier weg und blöke jämmerlich. Die weichherzige Janet kniete sogleich neben ihm auf den Boden nieder und umschlang das Tierchen mit ihren Armen. Aber der Hirte nahm es ihr weg und sagte:

»Mach nur keine Geschichten mit ihm. Es muß lernen, sich durchzusetzen. In einer halben Stunde versuche ich's wieder. Es ist größer als die Zwillinge, und es muß sich behaupten können. Und ihr müßt jetzt schleunigst nach Hause laufen, sonst läßt euch eure Mutter nie mehr hierherkommen!«

Nur ungern verließen wir die warme Scheune mit ihrem trauten Laternenschein und traten in die scharfe Kälte hinaus. Es war eine klare Sternennacht, alles glitzerte.

»Fang mich!« schrie Peter und sauste in halsbrecherischem Tempo über den knirschenden Schnee den holperigen Karrenweg hinunter, Janet wie der Blitz hinter ihm her. Ich fürchtete mich, über den gefrorenen Schnee zu laufen, und wollte rufen, sie sollten auf mich warten, denn es war doch sehr rücksichtslos von ihnen, davonzulaufen und mich im Dunkeln stehenzulassen. Wenn ich laut genug rief, würde Janet bestimmt umkehren und mit mir gehen; sie war immer lieb zu mir, wenn sie daran dachte.

Doch da fiel mir das lächerlich verkleidete Lamm ein, wie es um Erbarmen schrie, und ich glaubte Herrn Jones' Stimme zu hören: »Es muß lernen, sich durchzusetzen - es muß sich behaupten können.« Man kam offenbar nicht weit, wenn man versuchte, Mitleid zu erregen.

Ich holte tief Atem und begann zu laufen - vorsichtig erst, bis ich merkte, daß es weder so schwierig noch so gefährlich war, wie ich gemeint hatte. Klopfenden Herzens und unbeholfen lief ich rascher, immer rascher. Ich kam an der Steinmauer meines Gartens vorbei und dachte an die zugeschneiten Pflanzen mit ihren sich regenden Wurzeln.

»Wunderbare Dinge geschehen unter dem Schnee«, murmelte ich vor mich hin.

Den ganzen Samstag fuhren wir Schlitten, warfen Schneebälle und bauten mit anderen Dorfkindern zusammen einen Schneemann. Doch um die Mittagszeit merkte sogar ich, daß die Witterung umschlug. Ein warmer Südwind hatte sich erhoben, gegen Ende des Nachmittags tropfte es von allen Bäumen, und das Gras guckte zwischen den Schlittenspuren hervor. Dem armen Schneemann rutschte der Hut auf die Schultern, und bald zerrann er in kleinen Bächen. Im Schein eines feuerroten Sonnenuntergangs stapften wir in Gummistiefeln zur Farm hinaus. Lange bevor wir beim Gatter ankamen, hörten wir die Schreie der unruhigen Lämmer, die den Frühling rochen und nicht warten konnten, bis sie auf offenem Feld herumtollen durften. Herr Jones, der die Scheune kehrte, sagte:

»Morgen lasse ich sie ins Freie. Sie merken, daß der Frühling kommt.«

Die Pfarrerskinder und Nero merkten es auch. Sie waren schon den ganzen Tag außer Rand und Band gewesen. Oft hatten sie sich im Schnee gewälzt und herumgebalgt - unter unsinnigem Gelächter die Kinder, mit verrücktem Gebell der Hund. Zum Glück hatte niemand versucht, *mich* umzustoßen. Ich hatte meist gelangweilt und frierend daneben gestanden. Aber auf die Scheune und das Laternenlicht freute ich mich. Wir schoben uns durch die enge Tür, und ich fragte unvermittelt:

»Wie ist es dem Lamm ergangen, Herr Jones?«

»Komm und sieh!«

Er hielt die Laterne in die Höhe und wies in eine Ecke.

Die Schafmutter lag wie neulich auf einer Seite. An sie gekuschelt lagen drei Lämmer und tranken in schönster Eintracht. Das größte schien sich vollkommen zu Hause zu fühlen und gab soeben dem Zwilling, der am meisten Platz einnahm, einen kleinen Schubs.

»Was ist geschehen?« fragte ich. »Haben die anderen es nicht mehr geplagt?«

»Doch«, lachte der Schäfer, »aber es hörte auf zu schreien und stieß zurück. Damit war alles in Ordnung.«

Er blinzelte mir zu, und ich lächelte zurück. Dann jagten wir wieder den Abhang hinunter, hungrig wie die Wölfe. Die Fenster des Pfarrhauses blinkten uns im Dämmerlicht ihren Willkommensgruß entgegen. Ich blieb wieder weit hinter den anderen zurück, aber ich ärgerte mich nicht darüber, sondern stattete in Gedanken meinem Garten einen Besuch ab. Vielleicht waren gerade jetzt einzelne Schneeglöckchen im Begriff, auf den Ruf des Frühlings zu antworten und sich ans Licht zu drängen? Vielleicht öffneten Winterlinge ihre goldenen Kelche den Sternen? Das Herz schlug mir vor Spannung, und ich beschloß, am folgenden Morgen bei Tagesanbruch hinaufzugehen. Sonntags frühstückten wir eine Stunde später als sonst, da hatte ich genügend Zeit.

Glücklicherweise erwachte ich sehr früh, wohl vom Vogelchor geweckt, der in unserem Garten zu singen anhob. Der Himmel war hellblau, mit rosaroten und goldenen Wölkchen gleich flaumigen Federn übersät. Janet schlief noch tief. Ich kleidete mich leise an und stieg auf den Zehenspitzen die Treppe hinunter. Es war erst sieben Uhr - noch zwei Stunden Zeit bis zum Frühstück.

Aus dem Kinderzimmer, in dem die drei Jüngsten schliefen, drang ein Gemurmel, und ich fragte mich, ob Frau Morton am Ende schon wach sei. Aber nein, es war bloß Rosmarie, die Robert, der zu ihr ins Bett gekrochen war, eine Sonntagsgeschichte erzählte. Ich konnte durch die halboffene Tür ihre blonden Haarschöpfe nebeneinander auf dem Kissen liegen sehen und bemerkte auch Klein-Anne, die, noch schlaftrunken, ernsthaft durch die Stäbe ihres Bettchens guckte.

»Gott hat Kain und Abel gesagt, sie sollen ein Lamm bringen«, berichtete Rosmarie andächtig. »Aber Kain hat Gemüse gebracht. Aber Gott hat das Gemüse nicht gern gehabt. Und Kain hat Abel einen ganz festen Schubs gegeben. Und da ist er tot umgeplumpst. Und nachher hat Kain schaurig viel Arbeit gehabt, weil er jetzt für all die Schafe von Abel sorgen mußte und für sein Gemüse auch.«

Klein-Anne fand nun wohl, es wäre an der Zeit, sich bemerkbar zu machen, und begrüßte den neuen Morgen mit einem lauten Jauchzer, der sehr wohl das ganze Haus wecken konnte. Ich machte deshalb, daß ich ins Freie kam und hielt nicht an, bis ich halbwegs den Hügel hinaufgerannt war. Dann schöpfte ich Atem und sah mich um. In der Nacht hatte es stark getaut, und die Luft war mild. Der Schnee lag noch tief in allen Gräben und Mulden, so daß die Landschaft gestreift und getüpfelt aussah. Die Erde trank Feuchtigkeit in sich hinein, und ich mußte an die fleißigen Wurzeln im Boden denken. »*Ein* sonniger Tag, und die Blumen treiben hervor«, so hatte Frau Morton versichert.

Die Sonne war noch nicht aufgegangen, aber der Himmel wurde zusehends heller und klarer. Vielleicht sahen es die Vögel in den Baumkronen; jedenfalls riefen sie einander allerlei Fröhliches zu. Doch der Garten, den ich über die Mauer und die angelehnte Leiter erreichte, schlief noch im Schatten, und an den Wänden des Hauses entlang türmte sich der Schnee. Nur auf dem Rasen war er geschmolzen; Winterlinge grüßten zu mir empor, und die Schneeglöckchen standen in kräftigeren Büscheln beisammen als je.

Auf einmal blieb ich wie angewurzelt stehen. Neben dem Haus stand ein Mann und schaute zu einem der verhängten Fenster hinauf!

Ich könnte nicht sagen, ob ich erschrocken oder bloß höchst überrascht war. Ich hatte keine Zeit, mir über irgend etwas Rechenschaft zu geben, denn im selben Augenblick warf der Mann einen hastigen Blick in die Runde und bemerkte mich. Er zuckte heftig zusammen, schien sich aber sogleich zu fassen und kam auf mich zu.

»Guten Morgen«, grüßte er nicht unfreundlich. Und dann etwas unsicher:

»Ist jemand zu Hause?«

»Ich weiß nicht«, erwiderte ich. »Ich glaube, es ist ein leeres Haus. Entweder wohnt niemand hier, oder die Leute sind auf Reisen.«

Sein Blick verfinsterte sich, und ich erschrak nun doch.

»Was hast du in diesem Fall hier zu suchen?« fragte er streng.

Es fiel mir nicht ein, daß ich dasselbe hätte fragen können. Mir kam es nur auf eines an: Niemand soll mich aus meinem Garten vertreiben! Deshalb erwiderte ich so furchtlos wie möglich:

»Oh, ich wohne in der Nähe, gleich unten am Hang. Ich habe die Erlaubnis, hierherzukommen. Ich kümmere mich um den Garten.«

Er musterte mich aufmerksam.

»Ich habe gemeint, du wüßtest nicht, wer hier wohnt?«

»Nun ja, ich weiß nicht genau, wer es ist. Ich wohne selbst erst seit kurzem hier. Aber Frau Morton kennt die Leute, und sie hat mir erlaubt, den Garten zu besorgen.«

Es war mir allerdings unbekannt, ob Frau Morton die Leute wirklich kannte, aber das kümmerte mich wenig, denn keiner hatte mich je gelehrt, wie wichtig es ist, die Wahrheit zu sagen. Wieder wechselte der Mann den Ton und sagte freundlich, sich bedächtig umschauend:

»Nun, es ist ein schöner Garten. Ich bin selbst ein halber Gärtner. Kommst du jeden Tag her?«

»O nein, ich gehe zur Schule. Ich komme nur samstags und sonntags herauf.

Er schien erleichtert zu sein.

»Ja, willst du behaupten, daß du den Garten allein besorgst? Sicher kümmert sich während der Woche jemand anders darum?«

»Ich glaube nicht«, erwiderte ich unschuldig, denn die Vorstellung, irgend jemand sollte mein verborgenes Reich betreten, gefiel mir ganz und gar nicht. Aber im selben Augenblick wurde mir klar, daß dieser Mann hier nichts zu suchen hatte. Was brauchte er überhaupt so viele Fragen zu stellen?

Er gefiel mir nicht. Er war unrasiert und hatte etwas Wildes an sich. Seine Kleider waren schmutzig. Er roch nach Alkohol. Auch die ängstliche, unruhige Art, wie er seinen Blick ringsum wandern ließ, gefiel mir nicht. Ich starrte ihn unverwandt an, und ich glaube, es wurde ihm ungemütlich, denn plötzlich zog er die Kappe über die Stirn, wandte sich zum Gehen und sagte:

»Wenn der Herr nicht zu Hause ist, hat es keinen Zweck zu warten. Ich komme ein andermal wieder vorbei. Guten Tag!«

Er schwang sich über das verschlossene Gartentor und verschwand. Ich atmete erleichtert auf und wandte mich wieder meinem Garten zu. Aber seltsam, der Vogelgesang tönte nicht mehr so wie zuvor. Vielleicht hatten unsere Stimmen die Vögel verscheucht. Mir selber war zumute, als hätte sich ein drohender Schatten auf meinen Garten gelegt, und zum erstenmal fühlte ich mich darin einsam.

Aber nicht lange! Noch während ich überlegte, ob ich heimlaufen sollte, leuchtete etwas goldbraun auf: Ein Eichhörnchen flitzte den Stamm eines alten Kastanienbaums herunter. Mit einem gewaltigen Satz erreichte es den Boden und äugte zwischen den Wurzeln des Baumes hervor. Die schwarzen Augen funkelten, der Schwanz schlug frech hin und her, und mein Gefühl der Einsamkeit war wie weggeblasen. Der Garten war erfüllt mit schweigsamer, beglückender Gesellschaft, und die Vögel sangen wieder.

Ich wußte, was ich tun wollte, und arbeitete munter drauflos, bis die Sonne hinter dem Hügel heraufkletterte. Ich wollte einen kleinen Steingarten anlegen, wie ich ihn manchmal hinter Gittern in den öffentlichen Anlagen der Stadt gesehen hatte. Auf dem Heimweg aus der Schule würde ich einmal unbemerkt davonschleichen und Samen kaufen. Und im Sommer würde mein Steingarten eine einzige, duftende Farbenpracht sein. Hummeln würden darin summen und Schmetterlinge darüber flattern, genauso wie vor langer Zeit in Frau Moodys Garten.

Geschäftigt rannte ich hin und her. Ich schichtete weiche Erde auf und sammelte Steine, bis es beinah Zeit zum Frühstück war. Gerade bevor ich wegeilte, bemerkte ich im Gras einen Kreis von schlanken kleinen Trieben: Dunkelgrüne Blätter hüteten durchsichtige Kelchblätter; in der Mitte duckten sich Krokusknospen und warteten auf die Berührung der Sonne. Schon konnte ich erkennen, welche Krokusse blau, welche gelb und welche weiß werden sollten.

»Das ist ein Feenkreis«, sagte ich mir. Ich hatte einmal von solchen Dingen gelesen, und hier, allein in meinem Garten, wo niemand mich als Dummerchen auslachen konnte, war es leicht, trotz meiner elf Jahre an derartiges zu glauben. Ich sprang mitten in den Kreis und dachte:

»Jetzt kann ich mir etwas wünschen!« Ich lachte über mich selbst, und doch war es mir halb ernst. Denn wo konnte ich dem Märchenland näher sein als hier bei zutraulichen Eichhörnchen und lebensfrohen Vögeln? Aber was sollte ich wünschen? »Ich weiß was«, sagte ich mir schließlich, »ich wünsche mir Freude die Fülle!«

Dann merkte ich, daß es höchste Zeit war heimzugehen. Ich hüpfte aus dem Kreis und den Abhang hinunter, und der Wind wehte mir durchs offene Haar. Über mir ertönten merkwürdige Schreie; sie stammten von Möwen, die sich in der Sonne aufwärtsschwangen, um gleich darauf in wildem Sturzflug in die Tiefe zu stoßen. Sie ließen sich vom Wind ins Land hereintreiben, um auf den aufgeweichten Feldern ihre Beute zu jagen.

Zu Hause eilte ich auf mein Zimmer, um mir das Haar zu ordnen. Ich fand Janet vor ihrem Bett kniend, was sie morgens immer als erstes und abends als letztes tat. Es war mir aufgefallen, daß sie nachher meist besonders guter Laune war. Deshalb wollte ich diese Gelegenheit ergreifen, um ihr eine wichtige Frage zu stellen. Vielleicht würde es sie auch hindern zu forschen, wo ich gesteckt hatte. Sobald sie den Kopf hob, sagte ich:

»Janet, weißt du viele Bibelverse?«

»O ja, beinahe alle. Wo bist du gewesen, Eliane?«

»Ich bin nämlich auf einen besonderen Vers gestoßen«, fuhr ich unbeirrt fort, »von dem ich nur den Schluß weiß. Aber ich möchte gern wissen, was vorangeht. Er heißt so: ... Irgendwo oder irgend etwas ... ist Freude die Fülle.«

»Aha«, meinte Janet vorsichtig, da sie ihre Unwissenheit nicht gern eingestehen mochte. »Ich bin nicht ganz sicher. Aber ich glaube, es soll heißen: ›Im Himmel ist Freude die Fülle‹. Ja, bestimmt, ich bin sogar überzeugt, daß es so heißt; ich glaube, ich kann mich daran erinnern. Die Glocke läutet, komm!«

Sie lief davon und half das Frühstück auftragen. Ich blieb zurück und wechselte langsam die Schuhe. Es dauerte ja immer ein paar Minuten, bis alle versammelt waren. Ich war von Janets Antwort enttäuscht. Der Himmel war weit weg, und ich war nicht einmal sicher, ob ich je dorthin kommen würde. Frau Moody hatte mir gesagt, daß gute Leute dorthin gingen, wenn sie starben. Was wußte ich, ob ich gut war oder nicht? Ich hatte nie viel darüber nachgedacht. Ich kam mir besser vor als Janet, denn ich vergaß nicht so vieles wie sie und verlor nicht immer meine Taschentücher wie sie, und ich war auch nicht so laut und unordentlich. Ziemlich selbstzufrieden ging ich hinunter, aber da fühlte ich mich auf einmal nicht mehr so sicher. Es war Janet, nicht ich, die hinuntergeeilt war, um zu helfen. Und als Robert nun laut schluchzend hereinpolterte, weil er sich an einem Stein gestoßen hatte, rannte er an mir vorbei geradewegs in Janets geöffnete Arme.

Es bestand kein Zweifel: Janet nahm Anteil am Leben der anderen, wie ich es nie tat. Es war mir noch nicht recht bewußt geworden, daß ich mich um niemanden kümmerte als um mich selbst. Aber ich fing an, ernstlich nach dem Unterschied zwischen Janet und mir zu suchen. Nach dem Frühstück stieg ich, immer noch mit diesem Gedanken beschäftigt, in mein Zimmer hinauf. Neugierig betrachtete ich die offene Bibel, die samt dem abgenützten kleinen Notizbuch auf dem noch ungemachten Bett lag. Was fand sie eigentlich an der Bibel, und was schrieb sie immer so sorgfältig auf? Ich konnte mich nicht enthalten, einen Blick auf die Worte zu werfen, die sie eben erst mit ihrer runden, deutlichen Handschrift eingetragen hatte. Ich las: »Seid untereinander freundlich, herzlich und vergebet einander, gleichwie Gott euch um Christi willen vergeben hat!«

Eine Woche lang herrschte Sonnenschein und warmer Wind, und der Frühling brach mit Macht herein. Täglich rannten wir von der Schule nach Hause, warfen unsere Mappen weg, verschlangen unser Butterbrot und liefen zum Hügel hinauf.

Die Pfarrerskinder rannten und sprangen, weil es ihnen Freude machte, und ich rannte hinterher, weil mir nichts anderes übrigblieb. Trotzdem war bei mir eine Veränderung im Gange. Mein Garten hatte mir die Augen geöffnet für die Schönheit und den Zauber der erwachenden Natur, und die zerfahrene Janet, ja selbst der stämmige Peter bewiesen mir ständig, daß das Leben vergnüglicher war, wenn man auch an andere und nicht nur an sich selbst dachte. Kirchgang und Hausandachten ließen mich ebenfalls etwas ahnen; ich war nur nicht sicher, was. Aber ich merkte jetzt langsam, daß die Bibel kein langweiliges Buch für alte Leute war; sie berichtete von jemand, der mich zu interessieren begann, jemand, der sein Leben damit zugebracht hatte, Traurige glücklich und Böse gut zu machen. Gott hatte ihn gesandt, um den Menschen zu helfen. So gütig soll er gewesen sein, wie nie ein Mensch zuvor; nie habe er etwas Böses getan und nie an sich selbst gedacht. Einmal berichtete der Pfarrer sogar, er lebe heute noch, sei bei Gott im Himmel, könne aber auch unsichtbar bei den Menschen sein, die an ihn glauben und zu ihm beten. Ob er wohl auch hier war, wenn gebetet wurde? Ob er mich wohl auch sah? Oft sehnte ich mich danach, ihn besser kennenzulernen und ihm näherzukommen, aber ich wußte nicht, wie und war viel zu schüchtern, um zu fragen.

Das Seltsamste aber war, daß ich mich mehr und mehr den Pfarrerskindern anschloß und sie nicht länger dumm fand. Obwohl sie sich alle Mühe gaben, geduldig zu sein, merkte ich nur zu gut, daß sie *mich* dumm fanden. Meine Furcht vor Kühen, meine langsamen Fortschritte im Bäumeklettern, meine Unwissenheit und die Zeit, die ich brauchte, um über einen Zaun zu klettern, versetzte sie heimlich in Staunen. Manchmal mußte ich sehen, wie Peter vor Ungeduld von einem Bein aufs andere hopste, während er auf mich wartete, und natürlich wurde ich dadurch noch langsamer und unbeholfener.

Mit dem fortschreitenden Frühling, als die Primeln nicht mehr einzeln, sondern in Scharen zu finden waren, begannen die Kinder von Vögeln zu sprechen. Johnny holte seine Eiersammlung hervor und erneuerte die Aufschriften. Von morgens bis abends wurde kaum noch von etwas anderem geredet als von Moorhühnern, Brachvögeln, Schwanzmeisen und anderen Geschöpfen, deren Namen ich noch nie gehört hatte. Wir durchstreiften die Gegend und lauschten auf ich weiß nicht was; denn die süßen Laute, welche die Pfarrerskinder so leicht zu unterscheiden vermochten, tönten in meinen Ohren alle ziemlich gleich. Auf der Suche nach Nestern erstiegen die Kinder unmögliche Bäume, und wir brachten unsere freien Abende in gräßlichem, dornigen Gestrüpp zu. Ich wagte nicht einzugestehen, daß ich noch nie ein Vogelnest gesehen und in der Stadt kaum andere Vögel als Sperlinge angetroffen hatte. Das Leben dieser Kinder aber maß sich an Daten wie solchen: »Das Jahr, in dem wir den Reiherhorst in Anglesey entdeckten«, oder: »Das Frühjahr, in dem wir die Möweneier auf dem Great Orme fanden.«

Gegen Ende März gab es eine unerwartete Abwechslung. Peters Klasse hatte eine Tagesfahrt zum Naturhistorischen Museum in Liverpool unternommen. Als er heimkehrte, regnete es in Strömen. Wir waren mit unseren Hausaufgaben und Spielen beschäftigt, und Frau Morton saß, über ihr Haushaltungsbuch gebeugt, am Schreibtisch. Plötzlich war Peter mitten unter uns, triefendnaß und quietschvergnügt.

»Mama«, rief er, »ich habe eine phantastische Idee! Ich fange hier im Haus ein naturhistorisches Museum an!«

»Wirklich, Liebling?« antwortete seine Mutter. »Vier Pfund Zucker . . . War's schön? . . . Und hast du die Schuhe ausgezogen?«

Peter umschlang seine Mutter mit nassen Armen:

»Es ist mir ernst, Mama, es ist mir ernst! Wir müssen einen Raum haben und Dutzende von Einmachgläsern. Können wir die im Keller haben? Und können wir den Dachboden räumen?«

»Aber ich brauche sie doch, um Früchte einzumachen«, wehrte sich Frau Morton und strich ihren Kragen glatt. »Und wohin willst du die Sachen auf dem Dachboden stellen? Zieh dir erst einmal die Schuhe und den nassen Regenmantel aus. Beim Abendessen können wir ja dann darüber reden. Wir wollen alles über das Museum wissen.«

Wir bekamen tatsächlich alles zu hören. Wir hörten und sprachen von nichts anderem mehr, tage-, tage-, tagelang. Denn Peters Begeisterungen glichen den Masern: jedermann erwischte sie. Wir räumten alles, was auf dem Dachboden stand, auf eine Seite, so daß eine Hälfte frei wurde, und Peter errichtete Gestelle. An einem regnerischen Samstagnachmittag wurde eine außerordentlich wichtige Sitzung im Eßzimmer angekündigt. Ein triumphierender Peter führte den Vorsitz: Es war ihm soeben gelungen, seine Mutter – zu Emmas Ärger – zu überreden, ihm die Einmachgläser zu leihen. Versteht sich, nur bis die Einmachzeit begann!

»Falls du Eingeweide von Tieren und solches Zeug in die Gläser tust, brauche *ich* sie nie mehr für Früchte, darauf kannst du dich verlassen!« wetterte Emma. Aber wir machten uns nicht viel daraus. Wir staunten zu Peter hinauf, der auf einer Kiste stand mit jenem gewissen Ausdruck im Gesicht, der besagt: »Achtung, ich stehe im Begriff, eine wichtige Rede zu halten!«

Mit einer herrischen Handbewegung forderte er Ruhe und verkündete dann großartig:

»Wir werden in diesem Museum Sektionen und Abteilungen haben. Wir werden eine Vogelabteilung haben, eine Wildblumen-Abteilung, eine Muschel-Abteilung, eine Skelett-Abteilung . . . und . . . und . . . Fossilien und Schmetterlinge und alles andere, was irgend jemand interessiert und was man sammeln kann.«

»Ich sammle Hasenlöcher«, fiel Robert begeistert ein. Er hatte an diesem Nachmittag versucht, in eines hineinzukriechen.

Peters Hand gebot Ruhe, und er fuhr fort:

»Wir werden in Gruppen arbeiten, immer zwei und zwei zusammen, und . . .«

»Ich komm' mit dir, Peti!« schrie Johnny und warf sich auf den Redner, so daß er von der Kiste purzelte.

»Ich und Janie!« rief Rosmarie und klammerte sich an ihre Schwester.

Peter und Janet wechselten einen heimlichen Blick, dann schlug Peter hoffnungsvoll vor:

»Wenn Eliane die Kleinen übernehmen wollte, könnten Janie und ich zusammen gehen und schneller vorwärtskommen!«

Aber die Kleinen brachen in lauten Protest aus. Ich war ebenfalls verärgert. Niemand wollte etwas von mir wissen: die Kleinen wollten bei den Großen sein, und die Großen wollten für sich sein. Das Blut stieg mir in den Kopf, ich fühlte mich verletzt und auf die Seite gestellt. Ich stapfte zur Tür und rief: »Ich will nichts zu tun haben mit eurem blödsinnigen Museum. Es hängt mir zum Hals heraus!«

Ich schlug die Tür hinter mir zu, packte meinen Regenmantel und stürzte davon. Zwar hörte ich Janet aus der Haustür treten und meinen Namen rufen, aber ich blieb nicht stehen. Tränen des Zorns, der Scham und des Selbstmitleids rannen über meine Wangen, und ich wäre am liebsten für immer davongelaufen. Ich haßte die ganze Gesellschaft!

Es regnete kaum noch. Ein Geruch von nasser Erde hing in der Luft. Seit mehr als einer Woche war ich nicht in meinem Garten gewesen - wegen der dummen Vogelbesessenheit hatte ich gar keine Zeit dazu gehabt. Aber jetzt wollte ich hingehen, rasch, bevor die wilde Schar aus dem Haus kam und mich entdeckte.

In wenigen Minuten war ich den Abhang hinauf und über die Mauer geklettert. Und wieder war ich überwältigt von dem Frieden dieses Ortes. Mein aufgewühltes Herz wurde ruhig. Wunderbare Dinge waren in meinem Garten geschehen! Der Mandelbaum war mit blaßroten Blüten übersät; der Kastanienbaum streckte Blätter wie winzige Kinderhändchen in die Luft. Rund um seinen Stamm blühten Osterglocken, und die Vögel sangen wieder wie nirgends sonst. Was ich in meinem Steingärtchen gesät hatte, begann brav zu sprießen, und kleine Geißblattranken hingen von den Steinmäuerchen.

Ich durchforschte jeden Winkel, jede Ecke. Aus einem Beet guckten Tulpenblätter hervor, aber natürlich wußte ich zu der Zeit noch nicht, was daraus werden würde. Ich betrachtete sie voller Erwartung - und schrak zusammen: Aus dem Fliederbusch neben mir schoß ein brauner Vogel mit weißgesprenkelter Brust hervor. Es verschlug mir beinahe den Atem, denn blitzschnell kam mir in den Sinn, was ich von Peter und Janet gelernt hatte: Aus Büschen hervorschießende Vögel lassen auf Nester schließen.

Sollte es möglich sein, daß ich auf eigene Faust ein Nest entdeckte? Mit bebender Hand bog ich die Zweige auseinander. Ja, da *war* ein Nest, ein sorgfältig aus Zweiglein, Moos und Erde geflochtenes Nest, und auf seinem Grund ruhten zwei türkisblaue Eier mit schwarzen Punkten.

Ich konnte mich nicht satt daran sehen. Meine schlechte Laune war längst verflogen. Wie hatte ich je denken können, Nester seien etwas Dummes, Langweiliges! Nun, da ich selbst eines entdeckt hatte, wußte ich, daß es nichts Schöneres, Köstlicheres gab. Natürlich würden Peter und Janet das Nest sehen wollen, sobald sie davon erfuhren. Aber ich würde ihnen nichts verraten. Das war mein ganz persönliches Geheimnis, ich wollte es mit niemandem teilen. Vom Mandelbaum herab ertönte plötzlich jubelnder Gesang. Der Vogel mit der gespenkelten Brust saß zuoberst auf der Spitze und hob sich tapfer und fröhlich gegen den Abendhimmel ab. Mir war, als schaue er mir geradewegs in die Augen und rufe:

»Es ist unser Geheimnis, unser Geheimnis, deins und meins, deins und meins ... wir behalten's zusammen ... du und ich ... Freude die Fülle!«

Ich mußte laut lachen. Dann setzte ich mich auf einen Stein und wartete darauf, daß der Vogel zum Nest zurückkehrte. Ich stützte das Kinn auf die Knie und betrachtete gedankenverloren die Osterglocken und Primelfamilien. Wenn ich nur immer hier bleiben könnte, wo ich mich so gut und glücklich fühlte! Wenn ich nur nicht zu jenen abscheulichen Kindern zurückkehren müßte, die mich ja gar nicht haben wollten! Bei diesem Gedanken zerfloß ich wieder in Selbstmitleid und hatte auf einmal Heimweh nach meiner Mutter - meiner hübschen, leichtsinnigen Mutter, die mich ebenfalls nicht allzuoft um sich haben wollte. Ach, ich mußte wohl ein Leben lang einsam und unglücklich sein! Ich hatte solch schreckliches Mitleid mit mir, daß ich den Vogel vergaß und bloß noch vor mich hinstarrte. Da bemerkte ich plötzlich etwas so Auffallendes, daß ich sogar mein Selbstmitleid vergaß und aufsprang, um die Sache näher zu untersuchen.

Ich lief auf das Haus zu. Nein, ich hatte mich nicht getäuscht: Eines der verschlossenen Fenster im Erdgeschoß war aufgebrochen und die Vorhänge beiseite geschoben worden. Ich konnte ungehindert ins Zimmer hineinsehen. Eine Kommode stand offen, und allerlei Gegenstände lagen auf dem Boden zerstreut. Es sah aus, als hätte jemand in großer Eile darin gewühlt und etwas gesucht.

Doch was meine Blicke am unwiderstehlichsten anzog, war ein Glasschrank in einer Ecke des Zimmers. Er war voll wunderschöner Muscheln mit merkwürdigen Hörnern und solchen, die perlmuttfarben leuchteten. Im selben Augenblick hatte ich nur *einen* Wunsch: sie mir aus der Nähe anzusehen. Plötzlich wurde mir bewußt, daß mich nichts von den geheimnisvollen Muscheln trennte.

Das Fenster war niedrig, ich brauchte nur einen kleinen Satz zu nehmen, und drin war ich. Wie aber, wenn mich jemand hier fände? Das wäre nicht auszudenken! Klopfenden Herzens ging ich um das Haus herum und prüfte sämtliche Fenster. Aber sie waren alle fest verschlossen wie bisher und die Vorhänge zugezogen. Nur die Vorhänge am Küchenfenster auf der Hinterseite waren geöffnet.

Ich untersuchte die hintere und die vordere Eingangstür. Beide waren verriegelt und noch immer mit Spinnweben überzogen. Niemand konnte durch sie das Haus betreten haben. Ich war frei zu tun, was ich wollte. Aber ich fühlte mich nicht sicher. Der Garten kam mir auf einmal sehr einsam und abgelegen vor.

Mit äußerster Vorsicht und häufigem Hinter-mich-Schauen kletterte ich auf das Fensterbrett und setzte meine schmutzigen Schuhe darauf. Mit einem Sprung landete ich auf dem Fußboden, der erschreckend krachte. Ich rappelte mich auf und ging auf den Zehenspitzen zum Glasschrank. Als ich ihn öffnete, schlug mir der süße Duft alten, wohlriechenden Holzes entgegen.

Gebannt stand ich vor den Muscheln, nahm eine nach der anderen in die Hand und drehte sie um. Es waren seltene, ausländische Muscheln und Korallen, aber ich wußte es nicht. Eine war kleiner als die übrigen und nahm, je nachdem wie ich sie drehte, eine andere Farbe an. Einmal sah sie silberglänzend aus, dann wieder hellblau mit einem Schuß Türkis, dann hellgrau mit einem grünen Schimmer. Ich legte die Muschel beinahe andächtig zurück und ging leise zur Tür, öffnete sie und betrat den finsteren Korridor. Eine Weile blieb ich lauschend stehen, dann faßte ich Mut und schlich die Treppe hinauf.

Das Haus stand mir offen. Ich wollte es erforschen!

Ich spähte ins erste Schlafzimmer und war überrascht, wie unordentlich es aussah. Mitten im Zimmer lag ein offener Koffer mit heraushängenden Kleidern. Auch hier waren Schubladen herausgezogen, und ihr Inhalt lag ringsum zerstreut. Einzig das letzte Schlafzimmer war aufgeräumt. Es war ein Kinderzimmer. Die hübschen Möbel, die Puppenstube in der Ecke und die Puppenfamilie in einem Kinderbett bewiesen es. Ich betrachtete alles eingehend. Janet hielt nicht viel von Puppen, aber mir fehlten sie im Pfarrhaus. Wenn Janet von der Art Mädchen gewesen wäre, die mit Puppen spielt, wäre ich bestimmt besser mit ihr ausgekommen. Aber so dumme Sachen wie Museen . . .

Plötzlich wurde mir die Unverschämtheit meines Eindringens bewußt, und ich wandte mich zum Gehen. Im Zimmer mit dem offenen Fenster hielt ich nochmals an. Wenn ich doch nur eine Muschel wie diese bunte hier für das Museum finden könnte! Peter würde mich bewundern; nie mehr würde er sagen, ich sei dumm! Vielleicht konnte ich solch eine Muschel finden, wenn ich lange genug am Strand suchte. Aber wir waren schon einige Male hingegangen, und nie hatte ich etwas entdeckt, das auch nur annähernd so schön gewesen wäre.

Da durchzuckte mich ein schrecklicher Gedanke: Es lagen so viele Muscheln in diesem Glasschrank . . . wie, wenn ich diese eine nähme und die übrigen ein klein wenig auseinanderrückte? Kein Mensch würde etwas merken! Außerdem wäre es kein richtiger Diebstahl. Muscheln waren Allgemeingut, jeder durfte sie am Strand auflesen. Und niemand würde diese Muschel vermissen, das Haus stand ohnehin leer.

Fast fünf Minuten lang stand ich mit der Muschel in der Hand und suchte mich selbst zu überreden, daß es wirklich nichts ausmachte, wenn ich sie nahm. Dann ließ ich sie in meine Tasche gleiten, ging zum Fenster und kletterte in den Garten hinaus.

Alles war ruhig. Ein leiser Regen fiel, und über den fernen Hügeln brach purpurnes Licht durch den grauen Abendhimmel.

Die Blumen hatten ihre Kelche geschlossen; sie sahen aus, als wollten sie sich von mir abwenden. Die Vögel schwiegen. Ich schritt durch einen traurigen, dämmerigen Garten, dem ich gern entrinnen wollte, um so rasch wie möglich nach Hause zu laufen. Hastig kletterte ich die Leiter hinauf und sprang auf der anderen Seite ins nasse Gras. Als ich mich aufrichtete, stieß ich beinahe einen Schrei aus. Vor mir stand Elwin, der Hütejunge, und musterte mich vorwurfsvoll.

»Was tust denn du da drin, Eliane?« fragte er langsam, denn er war mehr an die walisische als an die englische Sprache gewöhnt. »Das ist Herrn Thomas' Haus, und er hat nicht gesagt, daß du hineingehen darfst.«

Ich war zu Tode erschrocken. Mir war, als bohrten Elwins Augen Löcher in meine Tasche. Fest umschloß ich die Muschel, schaute ihn mit feuerrotem Gesicht an und stammelte:

»Ich . . . ich darf aber. Ich darf mich um den Garten kümmern. Ich gehe nie ins Haus, nur in den Garten. O bitte, Elwin, sag's niemandem . . . ich darf bestimmt!«

Er glotzte mich verständnislos an. Er war ein schwerfälliger Junge, langsam von Begriff, und hätte mir wahrscheinlich geglaubt, wenn ich nicht so schuldbewußt dreingeschaut hätte. So aber schüttelte er bedächtig den Kopf und sprach:

»Herr Thomas hat gesagt, ich solle ein wenig aufpassen. Du darfst nicht mehr hineingehen, sonst sage ich es Frau Morton. Du bist nicht das erste Mal da, ich hab dich schon einige Male gesehen.«

»Nein, nein«, rief ich angstvoll, »ich gehe nicht ins Haus, Elwin! Ich bin nur immer in den Garten gegangen.«

Ich rannte klopfenden Herzens weg und den Abhang hinunter. Doch unterwegs beruhigte ich mich. Elwin war ein dummer Junge, er würde bestimmt alles gleich wieder vergessen. Ich hatte ihm ja auch versichert, daß ich nur im Garten gewesen sei. Es waren Dutzende von Muscheln da, niemand würde merken, daß eine fehlte. Allerdings durfte ich nicht wagen, allzubald wieder in den Garten zurückzukehren. Aber seltsamerweise machte mir dieser Gedanke nicht viel aus. Denn mein inniggeliebter Garten, mein Heiligtum voller Frieden, kam mir auf einmal fremd und beängstigend vor.

Ich stand still und überlegte. Wie sollte ich die Sache mit der Muschel einfädeln? Heute abend konnte ich sie nicht vorweisen, denn man wußte, daß ich nicht am Strand gewesen war. Nein, ich würde bis Montag warten und dann nach der Schule, während Janet mit ihren Freundinnen schwatzte, zum Strand hinunterlaufen. Ich würde verspätet heimkommen, die Taschen voller Muscheln, als Beitrag für das Museum. Das übrige würde sich von selbst ergeben.

Betont fröhlich trat ich ins Haus. Janet, die immer bereit war, einen Streit zu begraben, lief mir entgegen und bat mich, am folgenden Tag mit ihr und Peter etwas zu unternehmen. Ich schüttelte kalt den Kopf und sagte, ich hätte eigene Pläne und würde wahrscheinlich allein losziehen, worauf sie bestürzt schwieg.

Bei Tisch verhielt ich mich still. Mehrmals fühlte ich die Blicke von Frau Morton fragend auf mir ruhen. Ich wußte nicht, daß ich blaß und sorgenvoll aussah! Als Peter aufsprang und die geöffnete Bibel vor seinen Vater hinlegte, war mir, als müßte ich davonlaufen. Meist hatte ich nun Freude an der Hausandacht, aber heute wünschte ich nichts zu hören.

»Laßt mich sehen«, sagte Herr Morton. »Wie weit sind wir gestern in 1. Mose 3 gekommen?«

»Bis dorthin, wo Adam und Eva den Apfel gestohlen und sich vor Gott versteckt haben«, erklärte Janet eifrig.

Und dann begann der Pfarrer zu lesen. Er hatte eine warme Stimme, die jede Geschichte lebendig vor einem erstehen ließ. Heute war es die tieftraurige Geschichte eines Mannes und einer Frau, die aus einem wunderschönen Garten, in dem sie sehr glücklich gewesen waren, verjagt wurden, hinausgejagt in ein Leben voller Mühsal, Leid und Tod - und das alles, weil sie ungehorsam gewesen waren. Warum waren sie vorher im Garten so glücklich gewesen? Weil Gott mit ihnen war. Aber die Sünde trennte sie nun von Gott, und dann blieb nichts mehr übrig als Traurigkeit. In schlichten Worten erklärte der Hausvater das Gelesene, und die Kinder saßen mit aufgestützten Ellbogen rings um den Tisch und hingen mit ernsten Augen an seinen Lippen. Ich allein starrte auf meinen Teller. Halb hörte ich zu, halb hing ich meinen eigenen Gedanken nach. Sobald die Andacht zu Ende war, sagte ich, ich hätte Kopfweh und möchte gern schlafen gehen.

Frau Morton kam zu mir, sobald ich im Bett lag, maß meine Temperatur und gab mir ein Aspirin. Sie blieb bei mir sitzen und redete mir mit ihrer lieben, mütterlichen Stimme zu, als wäre ich ihr eigenes Kind. Ich fühlte ein starkes Verlangen, ihr die Arme um den Hals zu werfen und ihr alles zu beichten. Aber wenn sie erführe, daß ich eine Diebin war, würde sie mich sicher nicht mehr liebhaben, ja mich vielleicht gar wegschicken! So lag ich denn stumm da und ließ sie reden, und als sie mir den Gutenachtkuß geben wollte, wandte ich mich ab. Verwundert und traurig ging sie hinaus.

Ich lag im Dunkeln und überdachte die Geschichte von Adam und Eva, und in meinem müden Kopf klang sie nach, als handelte sie nur von mir. »Gott, der Herr, schickte ihn fort aus dem Garten.« Ja, ich wußte: Selbst wenn ich mich an Elwin vorbeistehlen konnte (was ich nicht zu tun wagte), würde der Garten nie mehr derselbe sein. Was ich getan hatte, veränderte alles. Vielleicht hatte Gott auf geheimnisvolle Weise unter den Frühlingsblumen auf mich gewartet und mich glücklich machen wollen, wie einst Adam und Eva. Aber meine Sünde hatte alles verdorben. Und dann fiel mir noch etwas ein: Die Drossel würde ihr Geheimnis nicht mehr mit mir teilen, und - oh, ich würde ihre Brut nicht ausschlüpfen sehen! Die zarten Kelche in den Beeten würden sich entfalten, die flaumigen Pflänzchen im Steingärtchen im April-Sonnenschein kräftig heranwachsen - aber ich müßte draußen bleiben. Ich vergrub das Gesicht in den Kissen und weinte. Doch als Janet heraufkam, stellte ich mich schlafend.

Am Morgen schien die Sonne, und es war mir besser zumute. Den ganzen Sonntag versuchte ich, lieb und hilfsbereit zu sein, um den gestrigen Abend wettzumachen. Am Montagmorgen war ich sogar vor Janet angezogen und bereit, den Kleinen zu helfen. Anne hopste in ihrem Bettchen auf und ab, rüttelte an den

Gitterstäben und schrie vor Lebenslust. Ich hob sie sorgfältig heraus und stellte sie auf den Boden. Es war leicht, ihr den Schlafanzug auszuziehen, aber unmöglich, das Hemdchen überzustreifen. Sie ballte die Fäustchen und machte sich ganz steif, und als ich ihr freundlich zuredete, legte sie sich flach auf den Boden und strampelte. Je ungehaltener ich wurde, desto mehr kicherte und quietschte sie. Schließlich verlor ich die Geduld völlig und gab ihr einen Klaps. Ihre Mundwinkel bogen sich nach unten, sie öffnete den Mund zu einem Gebrüll, schloß ihn aber unvermittelt wieder, indem ein Freudenschein über ihr rundliches Gesicht huschte. Sie rappelte sich in die Höhe und wackelte, unter Tränen lächelnd, zur Tür, wo sie sich mit einem Aufschrei ihrer Schwester in die Arme warf. Ja, sie klammerte sich an sie, als wollte sie sie nie mehr loslassen.

»Du darfst Anne nicht schlagen«, sagte Janet empört und zog ihr mühelos die Kleider an. »Sie ist doch noch so klein! Und überhaupt, sie wird sich erkälten, wenn du sie ohne Kleider auf dem Boden herumkriechen läßt. Du versteht wirklich nicht viel von kleinen Kindern, Eliane!«

Es stimmte, ich verstand nichts davon, und ich wollte auch nichts davon verstehen. Mit einem Groll im Herzen gegen alle kleinen Kinder der Welt ging ich frühstücken. Kleine Kinder waren so unvernünftig und unbequem, so klebrig und laut! Voller Abscheu blickte ich auf Robert, der anscheinend sich selbst statt sein Brot mit Orangenmarmelade bestrich. Anne schlug mit ihrem Löffel auf ihr Kinderstühlchen, so daß man kaum sein eigenes Wort verstand. Ich begriff nicht, wie Frau Morton diese Bande ertragen konnte. Jedenfalls war ich froh, daß ich zur Schule gehen und so allem entkommen konnte.

Doch auch die Schule war heute leider kein großer Erfolg. Ich war unruhig, ängstlich, nicht bei der Sache und erhielt meine erste schlechte Note für Unaufmerksamkeit. Janet ihrerseits wollte mir ihr Mitgefühl ausdrücken und verdrehte so lange den Hals nach mir, bis sie schließlich auch eine schlechte Note erwischte. Das fand ich höchst anständig von ihr, und ich wäre gern nach der Schule mit ihr heimgeradelt. Aber mein Vorsatz mußte ausgeführt werden. Gleich nach Schulschluß stahl ich mich aus der lauten Schar weg, die sich stets um Janet sammelte, und steuerte auf den Strand zu.

Es war kein besonders guter Platz für Muscheln. Ich hob ein paar ganz gewöhnliche auf und legte sie zu meinem Schatz. Dann zog ich diesen hervor und hielt ihn in die Sonne. Die Muschel schien lavendelblau, aber als ich sie gegen das Meer drehte, wurde sie grün. Und wieder fand ich, sie sei das Schönste, das ich je ge-

sehen hatte. Aber ich wollte nicht anfangen zu denken. Ich lief über die Kieselsteine und schwang mich aufs Rad. Es gelang mir, Janet einzuholen. Sie fragte gleich:

»Wo bist du gewesen?«

»Am Strand unten. Ich habe ein paar Muscheln für das Museum geholt. Eine ist etwas ganz Besonderes. Ich habe noch nie eine solche gesehen.«

»Zeig sie mir!« bat Janet und bremste. Aber ich schüttelte den Kopf und fuhr weiter.

»Erst zu Hause. Ich zeige sie dir und Peter zusammen.«

Wir rasten reichlich unvernünftig die Hauptstraße entlang und bogen in den Weg zum Pfarrhaus ein, Lärchen standen zu beiden Seiten des Weges, und in der milden Luft lag der Duft unzähliger Primeln. Janets Nasenflügel bebten, als wäre sie ein Hase, und vor Freude, nach Hause zu kommen, stimmte sie ein fröhliches Liedchen an. Ich fuhr unmittelbar hinter ihr her, schweigsam und aufgeregt.

Peter war bereits zu Hause, da seine Schule etwas näher lag. Er baute einen neuen Kasten für seine Vogeleier und grunzte nur, als wir ankamen. Aber Janet rief:

»So Eliane, zeig, was du hast! Peter, sie hat am Strand eine ganz besondere Muschel gefunden. Her damit, Eliane!«

Doch Peter schaute kaum auf.

»Dieser Strand ist nichts wert für Muscheln. Da mußt du schon viel weiter gehen ... oh, potztausend, Eliane, *die* hast du doch nicht wirklich und wahrhaftig auf unserem Strand gefunden, wie?«

»Klar«, erwiderte ich herausfordernd. »Frag nur Janet, wenn du mir nicht glaubst. Sie weiß, daß ich gleich nach der Schule hinuntergegangen bin.«

»Nanu, du brauchst nicht gleich in die Luft zu gehen«, gab Peter zurück und musterte mich verwundert. »Niemand behauptet das Gegenteil. Aber es ist trotzdem merkwürdig. Diese Muschel muß weilenweit von irgendeiner fernen, fernen Küste hergespült worden sein. Wir müssen ihr im Museum einen Ehrenplatz einräumen. Gratuliere zu dem Fund, Eliane!«

Janet hielt die Muschel in der Hand und drehte sie um und um. Die Kleinen umringten uns und reckten die Hälse. Sinnend meinte Janet:

»Sie gleicht ganz Barbaras Muscheln. Sie ist prachtvoll, Eliane. Schau, erst rosarot, dann blau, dann violett ... Wir müssen sie Papa zeigen.«

Sie stürmten ins Studierzimmer des Pfarrers, aber ich zögerte. Mir war nicht wohl bei der ganzen Geschichte. Ich hatte wiederholt von Barbara reden hören. Sie war ein Kind aus der Gegend, war an Kinderlähmung erkrankt und hatte den ganzen Winter im Krankenhaus zugebracht. Wo mochte sie wohnen, und wann kehrte sie zurück?

Über die Köpfe seiner aufgeregten Schar hinweg wandte sich der Pfarrer mir zu und fragte, offensichtlich verwundert:

»An unserm Strand hast du das gefunden, Eliane? Das ist ein ganz außerordentlicher Fund. Die Muschel scheint mir echt Perlmutt zu sein. Entweder hat sie jemand verloren, oder aber sie wurde von der Flut quer über den Ozean gespült. Es ist schön von dir, eine solche Kostbarkeit für das Museum zu leihen.«

»Ja, danke vielmals, Eliane«, beeilte sich Peter zu sagen, um zu verhindern, daß ich mich anders besann. »Es ist wirklich ungeheuer nett von dir. Wir wollen gleich sehen, wo wir sie hinlegen können. Sie ist unser Prachtexemplar.«

Alles stürzte aus dem Zimmer und die Treppe zum Dachboden hinauf. Frau Morton lächelte mir zu, und ich versuchte krampfhaft zurückzulächeln. Dann, anstatt den andern nachzulaufen, folgte ich ihr in die Küche und fragte unvermittelt:

»Tante, wo ist Barbara zu Hause?«

»Oh, dort oben, in dem kleinen Haus mit dem großen Garten. Wir hoffen, daß sie bald zurückkommen wird. Ihre Mutter hat mir geschrieben, daß es ihr besser geht.«

Ich wandte mich um und ging in den Garten hinaus. Nero trottete auf mich zu und rieb seinen guten alten Kopf an meinen Beinen, als fühlte er, daß ich in Not war. Ich kniete auf dem Gartenweg nieder, schlang die Arme um seinen Hals

und barg das Gesicht in seinem grauen Fell. Ihn kümmerte nicht, was ich angestellt hatte. Ich mochte gestohlen, gelogen und wer weiß was alles verbrochen haben, für Nero war ich nichts als ein unglückliches kleines Mädchen, das Trost brauchte. Er streckte die Zunge heraus und leckte mir das Gesicht.

Die jährlichen Abschlußprüfungen waren vorüber, und an einem regnerischen Morgen erwachten wir zu unserem ersten Ferientag. Alle waren voller Pläne für Spiele im Freien, aber eine regelrechte Sturzflut während des Frühstücks setzte ihnen ein Ende, und wir stellten uns auf einen Tag zu Hause ein. Frau Morton hatte allerhand Beschäftigungen für uns Ältere bereit, so daß wir eine gute Weile zu arbeiten hatten. Janet und ich rieben am Küchentisch das Silber blank, während Peter auf alten Zeitungen zu unseren Füßen saß und Schuhe putzte. Wir plauderten, sangen und schmiedeten Pläne. Frau Morton stand neben Emma am Bügeltisch, erzählte zwischendurch lustige Begebenheiten aus ihrer Kindheit, und die Kleinen purzelten mit Nero herum. Um 11 Uhr waren wir alle mit unseren Arbeiten fertig und taten uns an heißer Schokolade und Butterbroten gütlich.

Peter machte sich hierauf an einer großen Landkarte der Gegend zu schaffen, die er für die Wand hinter dem Museum anfertigte. Sie sollte Schildchen tragen mit Aufschriften folgender Art: »Brutstätte des Moorhuhns« ... »Hier Fliegenpilze« ... »Eulennest drei Jahre nacheinander in Eiche«. Mit Vorliebe breitete er die Karte und alles, was er dazu brauchte, auf dem Fußboden aus. Doch Anne schien das als eine Art Fußgängerstreifen zu betrachten, über den sie um jeden Preis gehen wollte, und man mußte sie fortwährend daran hindern. Heute morgen war sie ganz besonders darauf erpicht, über das große Blatt zu trippeln, und steuerte beständig auf den offenen Tuschkasten zu. Peter schaute mit heißem Kopf von seiner Arbeit auf und bat:

»Kann nicht eines von euch Mädchen etwas mit Anne anfangen, bitte! Nein, Schätzchen, du *darfst* nicht... oh, schaut mal her! Da kommt ein Polizist auf unser Haus zu! Was will der bloß? Vielleicht hat Nero wieder einmal ein Huhn totgebissen ... Schnell, Nero! Versteck dich, alter Junge!«

Jedermann, Nero inbegriffen, stürzte ans Fenster, um den Polizisten zu sehen. So achtete glücklicherweise niemand auf mich.

Der Schrecken war mir in die Glieder gefahren, mir war eiskalt und ganz elend. Wie, wenn die Polizei nicht wegen Nero kam? Wie, wenn sie etwas entdeckt hatte und hinter *mir* her war? Vielleicht war Barbara zurückgekommen und hatte gemerkt, daß die Muschel fehlte. Vielleicht hatte Elwin etwas ausgeplappert. Ich hörte auf, »vielleicht« zu denken, flitzte aus der Küche und durch die Hintertür aus dem Haus. Worum es sich auch immer handeln mochte, es war besser, ich war aus dem Weg.

»Wo läufst du hin ohne Regenmantel?« rief Emma hinter mir her. Aber ich ließ mich nicht aufhalten. All die Befürchtungen, die ich fast eine Woche lang aus meinem Herzen verdrängt hatte, erhoben sich von neuem drohend vor mir. Ich eilte den Abhang hinauf, so rasch es meine zitternden Beine erlaubten. Ich wußte nicht, wohin ich fliehen wollte, jedenfalls außerhalb der Reichweite von Barbaras Haus. Ich schlug den oberen Weg quer durch die Schafweiden ein. Die fetten Frühjahrslämmer hüpften vor mir davon. Mit keinem Gedanken bedachte ich, daß ich auf diesem Höhenweg vom Studierzimmer des Pfarrers aus gesehen werden konnte.

Als ich auf der Anhöhe über den Schafställen angelangt war, hatte es aufgehört zu regnen. Wohin ich schaute, sah ich Hügel, Täler und Weiden voller Schafe. Fern im Süden, wo die Berge sich erhoben, schien die Sonne, und die verschneiten Gipfel glitzerten. Doch jene fernen Felsen nützten mir nichts, ich mußte ein Versteck in der Nähe finden und schaute mich suchend um. Zu meiner Rechten lag ein Wald, den wir nicht betreten durften, weil er ein Reservat für Fasane war. Aber das hatte jetzt keine Bedeutung. Wenn die Polizei hinter mir her war, kam es nicht mehr darauf an, ob ich auf verbotenem Grund und Boden ging oder nicht!

Ich schlüpfte zwischen den Latten eines verriegelten Törchens hindurch und trottete in den Wald hinein. Ich war zu müde, um noch länger zu laufen. Trotz meiner Erregung bemerkte ich, daß es ein wunderschöner Wald war. Die Buchenstämme waren glänzend grau und glatt, winzige Blätter brachen wie zarte grüne Federchen millionenfach aus den Zweigen hervor, und der Waldboden war mit Anemonen und Primeln bedeckt. Sternhyazinthen durchstießen das dürre Laub vom vorigen Herbst, und einmal leuchtete es an einer feuchten Stelle golden auf: Hier mußten Sumpfdotterblumen blühen. Ein stattlicher Fasan, der plötzlich neben mir aufschoß, jagte mir einen furchtbaren Schrecken ein. Sonst aber war die Luft nur von sanften Geräuschen erfüllt: fernes Blöken von Lämmern, Girren von Waldtauben, Schwirren geschäftiger kleiner Flügel und leises Gezwitscher nesterbauender Vögel. Über mir neigten sich die Äste einander zu; ich kam mir fast wie in einer Kirche vor.

Als ich in einer kleinen Lichtung im Innern des Waldes auf eine Anzahl aufgeschichteter Holzklötze stieß, setzte ich mich und versuchte, ruhig zu überlegen. Wenn ich weiterging, mußte ich wieder auf die Straße gelangen, und das wollte ich verhüten. Was ich aber sonst tun sollte, war mir schleierhaft. Eines nur war gewiß: Ich konnte nicht ins Pfarrhaus zurückkehren.

Zurück zu dem Polizisten? Zu den entsetzten Gesichtern von Peter und Janet, die nie logen? Unmöglich! Sie würden mich so gemein, so niederträchtig finden ... Und der Polizist? Was hatte er mit mir vor? Ich wußte nicht, ob Kinder meines

Alters schon ins Gefängnis gesteckt wurden. Aber irgend etwas machte man bestimmt mit ihnen . . . Und was würde meine Mutter sagen? Und Frau Moody?

Ich blieb lange auf jenen Klötzen sitzen. Die Mittagszeit mußte längst vorbei sein, aber ich spürte keinen Hunger. Ich saß regungslos, so daß ein Eichhörnchen auf dem Baum vor mir zu spielen begann und von Ast zu Ast sprang. Ein munteres Häschen hüpfte kreuz und quer durch die Sternhyazinthen-Blätter, und eilige Vögel huschten hin und her. Alles war froh, geschäftig, sorglos - nur ich nicht!

Etwas fiel mir auf, das ich nie mehr vergaß: die Schönheit eines Büschels Sauerklee, das aus einem Stück verfaulter Rinde aufschoß. Nie hatte ich grünere Blätter oder weißere Blüten gesehen. Ich brach das Stück heraus und hielt das Ganze wie einen winzigen Märchengarten in meiner hohlen Hand.

Da wurde die Stille jäh von Hundegebell und vom Geräusch rascher, kräftiger Schritte unterbrochen. Die Polizei! Ich erstarrte vor Schrecken. Vielleicht jagten sie mich mit Polizeihunden, ja mit Bluthunden! Ich glaube, ich stieß einen Schrei aus, denn ein lautes, freudiges Antwortgebell ertönte, und Nero sprang durch die Stämme, legte mir die Pfoten auf die Achseln und leckte mir das Gesicht in ausgelassener Wiedersehensfreude. Hinter ihm her kam der Pfarrer. Ich seufzte erleichtert auf und brach in Tränen aus.

Der Pfarrer setzte sich neben mich auf den Holzstoß, legte den Arm um mich und sprach mir gut zu, als wäre ich seine eigene Tochter. Als ich mich endlich etwas fassen konnte, fragte er sanft:

»Warum bist du davongelaufen, Eliane? Hast du dich vor dem Polizisten gefürchtet?«

Er wußte es also, und man suchte mich wirklich! Da war es wohl das beste, ich redete mir die Sache so rasch wie möglich vom Herzen. Und es schien mir jetzt, da Nero sich gegen meine Beine preßte und dieser starke liebevolle Arm mich festhielt, als könnte es trotz allem möglich sein, den Folgen ins Auge zu schauen und das Leben fortzusetzen. Ich nickte und schluckte.

»Aber warum hast du Angst gehabt?« fragte der Pfarrer. »Er

wollte dir nur ein paar Fragen stellen. Ich will dich an seiner Stelle fragen, dann können wir morgen hingehen und ihm die Antworten bringen.«

»Was wird man mit mir machen?« hauchte ich.

»Wieso? Nichts, Eliane«, erwiderte der Pfarrer verblüfft. »Ich denke nicht, daß du etwas Böses getan hast. Aber schau, im Haus von Herrn Thomas ist eingebrochen worden. Und weil Elwin Jones gesagt hat, er habe dich im Garten spielen sehen, wollte die Polizei dich fragen, ob du jemanden gesehen und ob du bemerkt hast, seit wann das Fenster aufgebrochen ist. Sie wollten auch wissen, ob du je im Haus gewesen seist, weil man schmutzige Abdrücke von Kinderschuhen auf dem Fensterbrett gefunden hat.«

Ich regte mich nicht. Die Gedanken wirbelten in meinem Kopf herum. War ich der einzige Dieb, oder war noch jemand anders im Spiel? Wer hatte das Fenster geöffnet und die Schubladen durchstöbert? Jedenfalls nicht ich. Oder meinte man etwa, ich wäre es gewesen? Schließlich drängte der Pfarrer:

»Erzähle mir, was du weißt.«

Um uns war alles still, als hielten Vögel und Blumen den Atem an, um zu lauschen, was ich zu sagen hatte.

»*Ich* habe das Fenster nicht geöffnet«, platzte ich heraus. »Ganz sicher nicht. Ich bin nur hineingegangen, um die Muscheln anzuschauen - und ich habe bloß eine genommen - ich habe gedacht, bei Muscheln mache es nichts, weil sie jedermann gehören und man sie umsonst am Strand aufheben kann. - Und sie haben immer gefunden, ich sei so dumm - und niemand wollte mit mir gehen - und ich bin immer hinter den andern zurückgeblieben - und ich weiß nichts von Vögeln - und ich habe gedacht: Wenn ich eine so schöne Muschel finde, haben sie mich gern. Darum habe ich gesagt, ich habe sie am Strand gefunden. Und Peter hat sich so gefreut - und jetzt werden sie denken, ich sei abscheulich - und ich hab' nicht gewußt, daß sie Barbara gehört . . .«

Die Stimme versagte mir. Es war alles aus. Ich konnte mir nicht vorstellen, was nun geschehen sollte. Doch merkwürdig, es war mir trotzdem ein wenig leichter ums Herz.

»Bitte, bitte, Herr Morton«, flüsterte ich, »übergeben Sie mich nicht der Polizei! Lassen Sie Mama kommen und mich heimholen. Ich bin so unglücklich, und jetzt wird alles noch viel schlimmer sein.«

Scheu, flehend blickte ich zu ihm auf. Er schaute mich traurig an, aber er sprach freundlich.

»Eliane, du brauchst dich nicht so arg zu fürchten. Die Polizei kam nicht, um nach der Muschel zu fragen. Sie weiß nichts davon und braucht nichts davon zu wissen. Nein, es handelt sich um einen ziemlich großen Einbruch: Decken, Leintücher, Silber und alles mögliche wurde gestohlen. Mit dir hat es gar nichts zu tun. Die Polizei dachte nur, du habest vielleicht jemanden herumlungern sehen und könntest jene Abdrücke erklären. Da ist nichts Beängstigendes dabei. Die Sache wegen der Muschel können wir beide unter uns ausmachen.«

»Es war einmal ein Mann da«, murmelte ich, »früh am Morgen, der schaute ins Fenster.«

»Nun, so wirst du der Polizei einen Dienst erweisen können. Peter wird ja schön eifersüchtig auf dich sein, wenn du einen regelrechten Einbrecher gesehen hast. Wir wollen morgen miteinander zum Polizeiposten gehen, und du mußt ihnen den Mann beschreiben, weiter nichts. Das wollen wir jetzt aber beiseite lassen und über die Muschel reden. Du hast sie genommen, damit die Kinder glauben sollten, du habest etwas Schönes für das Museum gefunden, und du hast angegeben, du habest sie am Strand aufgelesen?«

»Ja«, hauchte ich.

Nach kurzem Schweigen fragte der Pfarrer: »Hat es dich froh gemacht?«

Ich schüttelte den Kopf. »Ich habe die ganze Zeit Angst gehabt, sie würden es herausfinden.«

»Das ist nicht der einzige Grund, weshalb du unglücklich gewesen bist, Eliane. Der andere ist, weil du gestohlen und gelogen hast. Sünde macht immer unglücklich. Erinnerst du dich nicht an die Geschichte von Adam und Eva?«

»Doch - sie waren auch in einem schönen Garten. Aber ich bin bloß hingegangen, um ihn zu pflegen. Ich habe zuerst nicht im

Sinn gehabt, etwas Böses zu tun. Es haben Schneeglöckchen geblüht, alles war so still und schön, und die Vögel haben gesungen. Ich habe nicht einmal Blumen gepflückt.«

»Natürlich nicht«, sagte der Pfarrer. »Herr Thomas hätte bestimmt nichts dagegen gehabt, daß du in seinem Garten spielst. Du hast ihn gern gehabt und bist glücklich gewesen, bis du die Muschel genommen hast, genauso wie Adam und Eva glücklich waren, bis sie ungehorsam wurden. Und warum, meinst du, waren sie nachher so unglücklich?«

»Weil sie sich gefürchtet haben.«

»Ja, sie haben sich gefürchtet. Aber schlimmer als das: Ihre Sünde war zwischen sie und Gott getreten, so wie eine Wolke zwischen die Sonne und uns kommen kann. Die Sonne ist noch immer da, aber wir spüren ihre Wärme nicht mehr. Die Wolke hat sie verdeckt, und alles ist kalt und dunkel. Nun gibt es aber nur einen Ort in der Welt, wo wir das wahre Glück finden können, das, was die Bibel ›Freude die Fülle‹ nennt.«

Bei diesen vertrauten Worten war ich wie elektrisiert.

»Ich kenne den Vers. Janet hat mich ihn gelehrt: »Im Himmel ist Freude die Fülle!«

Der Pfarrer lachte:

»Sie hat ihn dich ganz verkehrt gelehrt! Nein, er sagt uns etwas viel Schöneres. Hör zu: ›Du zeigst mir den Weg des Lebens, bei dir ist Freude die Fülle.‹ Das hat in der Bibel David zu Gott gesagt. Nicht im Himmel, an einem fernen, unerreichbaren Ort, sondern bei Gott ist Freude die Fülle.

Und Gott ist uns ganz nah, ganz wirklich, wie ein Vater. Wenn wir bei ihm sind, dann haben wir ›Freude die Fülle‹. Überall - hier im Wald, daheim im Pfarrhaus oder auch in der ärmlichsten Hütte - kann man bei ihm sein und Freude die Fülle haben.«

»Wie einfach!« dachte ich erfreut. Der Pfarrer mußte meine Gedanken erraten haben.

»Aber ›bei ihm sein‹ ist doch nicht so einfach, wie es scheint. Es heißt nämlich noch: ›Du, Gott, zeigst mir den Weg des Lebens.‹ Gott zeigt uns einen ganz bestimmten Weg in unserem Leben, und weil bei ihm allein wahre Freude ist, können wir einzig auf diesem Weg vollkommen glücklich werden. Aber das ist bei uns Menschen so eine Sache. Wir möchten viel lieber unseren eigenen Weg gehen, weil der uns besser gefällt, oder weil wir es besser wissen wollen. So kommt es, daß wir nicht gehorchen, wie Adam und Eva, oder daß wir Gott nicht einmal hören.

Das ist eine traurige Angelegenheit. Dadurch kommt das Böse und das viele Elend in die Welt. Die eigenen Wege der Menschen führen von Gott und der Freude weg. Der Ungehorsam ist es, der von Gott trennt. Und darum ist es so schwer, ja fast unmöglich, ihm nahe zu sein.«

Ich saß ganz still. Die eben gehörten Worte hämmerten in meinem Innern:

»Der Ungehorsam ist es, der von Gott trennt.« Der Pfarrer hatte es langsam und hart gesagt. Die Geschichte mit der Muschel trennte mich nun also von Gott. Nie würde ich etwas von der »Freude die Fülle« erleben. Überhaupt hatte ich ja nie Gott gefragt, ob und was er vielleicht von mir wollte, von Gehorchen gar nicht zu reden. Es war also alles aus. Und sicher würde es mit der Polizei doch noch schiefgehen.

Ich war zu niedergeschlagen, um ein Wort sagen zu können.

Die Stimme des Pfarrers war etwas wärmer, als er fortfuhr:

»Es gibt aber jemand, der die Trennung aufheben kann. Es gibt doch noch einen Weg zur ›Fülle der Freude‹!«

Ich horchte auf. Vorübergehend vergaß ich sogar fast mein Elend.

»Was für einen?« fragte ich.

»Das ist eine lange Geschichte, Eliane, und zwar die schönste, die es überhaupt gibt. Mit unserem Eigensinn, unseren ›Sünden‹, wie die Bibel sagt, hätten wir es tatsächlich verdient, für immer von Gottes guter, glücklicher Welt ausgeschlossen zu werden. Doch sieh, genau deshalb schickte Gott seinen Sohn, Jesus Christus, auf die Erde. Gott sah, daß wir nicht mehr allein aus der Trennung zu ihm finden können. Keiner kann das. Aber Jesus wollte helfen. Er wollte die Menschen überzeugen, daß Gott sie liebhat und es mit jedem einzelnen gut meint. Er erklärte, wie Gott die Welt haben will: voller Liebe und Kraft und Gehorsam.

Er heilte, mahnte, tröstete und - am Schluß erlitt er den furchtbarsten Tod. Alle Strafen, die die Menschen auf der ganzen Welt vor Gott verdient haben, nahm er auf sich. Er ließ sich an unserer Stelle strafen. Wir können kaum ahnen, was das heißt. Es ist ein Geheimnis. Aber wir spüren die ungeheure Liebe, die hinter dieser Tat steht. ›Wegen unserer Sünde ist er zerschlagen, die Strafe liegt auf ihm, damit wir Frieden haben‹, sagt die Bibel. Wer weiß, was wir Schreckliches erleben müßten, wenn Jesus das nicht getan hätte.«

Pfarrer Morton hielt eine Weile inne.

»Angenommen, es hat jemand etwas Verbotenes getan und muß nun eine große Geldstrafe bezahlen. Wenn aber ein Freund kommt und zählt für ihn das Geld auf den Tisch, bleibt dann noch etwas zu tun übrig?«

»Nein.«

»Nicht wahr, die Sache ist erledigt! Genauso ist die Sache zwischen Gott und dem Menschen erledigt, mag er noch so eigensinnig, ungehorsam oder böse gewesen sein. Der Weg ist nun offen für jeden, der zu Gott kommen will. Auch du darfst einfach zu ihm kommen und Freude die Fülle finden!«

Meine Augen hingen an seinen Lippen. Was bedeutete das? Wie konnte man »einfach zu ihm kommen«?

Ich hätte diese Fragen nicht in Worte kleiden können. Ich konnte mich nur wundern. Nero hatte seinen Kopf auf meine Knie gelegt. Gedankenverloren kraulte ich ihm die samtenen Ohren. Die Stille des Abends hüllte den Wald ein. Pfarrer Morton zog sein Neues Testament aus der Tasche und schlug es auf.

»Möchtest du gern zu Gott kommen? Willst du, daß auch deine Sache erledigt ist?«

Ich nickte stumm. Ich wollte es so gern, aber wie sollte ich das sagen? Meine Kehle war wie zugeschnürt.

»Sieh«, fuhr der Pfarrer fort, »da ist nun noch ein besonderes Häkchen, an dem viele hängenbleiben. Die Sache ist wirklich erledigt. Aber nun mußt du das auch bewußt annehmen! Wenn der Freund die Geldstrafe bezahlen will, der Schuldige aber nichts mit ihm zu tun haben will und sagt: ›Nein, bitte, laß das nur bleiben, ich bezahle das schon selbst‹, so ist ihm trotz des freundlichen Angebots nicht geholfen, und seine Sache ist nicht erledigt. An uns ist es also, Jesus zu glauben, seine Tat und damit ihn selber anzunehmen.

Pfarrer Morton blätterte in seiner kleinen Bibel.

»Schau, hier steht geschrieben: Alle, die Jesus aufnahmen, durften Gottes Kinder werden.

Und hier sagt Jesus: Wer mein Wort hört und mir glaubt, der hat das ewige Leben und wird nicht bestraft werden.«

Der Pfarrer blätterte weiter.

»Und hier, im ersten Brief des Johannes, steht noch etwas, das dir helfen kann: Wenn wir im Licht leben, wie er im Licht ist, dann reinigt uns Jesus von allem Unrecht. Wenn wir unsere Sünden bekennen, so ist er treu und gerecht, so daß er uns die Sünden vergibt.«

»Was bedeutet ›bekennen‹?« fragte Pfarrer Morton.

»Sagen, daß man es getan hat«, antwortete ich beschämt.

»Richtig. Es bedeutet, Gott das Unrecht sagen, an das du dich erinnerst. Dann aber darfst du es Jesus glauben, daß er alles für dich in Ordnung gebracht hat bei Gott.«

Eine Weile ließ er mir Zeit zum Nachdenken, dann forderte er mich auf:

»Lies einmal selbst, was hier steht!«

Ich las zögernd:

»Allen, die ihn aufnahmen, gab er das Recht, Gottes Kinder zu werden, die an seinen Namen glauben.«

»Verstehst du das?« fragte der Pfarrer. »Ich erkläre es dir: Jeder, der Jesus in sein Herz aufnahm und ganz fest an ihn glaubte, durfte ein Kind Gottes werden. Möchtest du das auch?«

Ich nickte heftig. Ich konnte mir nichts Schöneres vorstellen.

»Aber paß auf: Kinder müssen gehorchen! Möchtest du von jetzt an Gott gehorchen? Möchtest du immer sehr, sehr gut aufpassen, daß du seinen Willen heraushörst aus der Bibel und im Gottesdienst? Willst du wirklich seinen Weg gehen? Willst du nie vergessen, ihn herzlich zu bitten, dir seinen Weg zu zeigen?«

Ich wußte damals noch nicht, daß all das nicht immer leicht ist; aber daß es Freude bringen würde, ahnte ich, und so nickte ich, ohne zu zögern.

»So sag es ihm jetzt. Sag ihm alles, was du getan hast, daß es dir leid tut und daß du seine große Tat annehmen willst, wenn du sie auch noch nicht ganz verstehst. Sag ihm, daß du Jesus in dein Herz aufnehmen und ein Kind des himmlischen Vaters werden willst.«

Ich stand vor etwas so Großem, Gewaltigem, daß ich keine Worte dafür fand.

»Ich weiß nicht, was ich sagen soll«, flüsterte ich beklommen.

»Soll ich an deiner Stelle beten?« fragte der Pfarrer. »Du darfst es in deinem Herzen mit mir sagen. Gott sieht auch in dein Herz!«

Ich preßte die Hände ineinander und schloß die Augen, während der Pfarrer mit seiner ruhigen Stimme betete:

»Lieber Gott, ich will es dir sagen, daß ich die Muschel gestohlen und gelogen habe. Und daß ich gar nicht richtig auf dich gehört habe. Ich will dir auch sagen, daß ich immer nur an mich selbst gedacht habe. Ich komme zu dir, weil Jesus für mich gestorben ist. Ich will von jetzt an auf ihn hören, ihm alles, alles glauben und ihm mein Herz auftun.

Herr Jesus, komm du in mein Herz, vertreib alles Böse daraus, mach mich tapfer, aufrichtig und gehorsam. Mach mich zu deinem Eigentum. Ich möchte dir gehören. Amen.«

Ich öffnete die Augen und warf einen Blick um mich, denn es kam mir so vor, als müsse jemand sichtbar neben mir stehen. Der Wald war vom Schein des Sonnenuntergangs durchglüht. Hand in Hand machten wir uns auf den Heimweg, und Nero lief in wilden Sprüngen voraus. Als wir aus dem Wald traten, stand jeder einzelne ferne Berggipfel scharf und leuchtend im Abendschein, und Wolken hingen wie helle Banner über den Gipfeln.

»Im Licht leben«, sagte ich mir, »das ist so: ganz hell sein und nichts Verstecktes haben«, und ich fühlte mich auf einmal tapfer, stark und froh. Aber nur ein paar Minuten lang. Denn als das Pfarrhaus in Sicht kam, wo Peter und Janet vor der Haustür auf uns warteten, wußte ich genau, was mein neuer Meister, dem ich von nun an gehorchen wollte, von mir verlangte und was »im Licht leben« jetzt hieß! Wenn Pfarrer Morton nur nicht so kräftig ausholen wollte! Ich ging immer schleppender, so daß er aufmerksam wurde und fragte:

»Woran denkst du? Fürchtest du dich?«

Ich nickte stumm.

»Du weißt also, was du noch zu tun hast, damit alles in Ordnung kommt?«

Wieder ein stummes Nicken.

Er lächelte leise und faßte meine Hand fester.

»Wir wollen es ihnen nach dem Abendbrot miteinander sagen. Du wirst viel glücklicher sein, wenn alles vorbei ist und du neu anfangen kannst. Überhaupt wird es nicht halb so schlimm sein, wie du meinst. Peter und Janet haben auch vieles in Ordnung zu bringen.«

Das Licht war verblaßt, als wir an meinem Garten vorbeischritten, und die Dämmerung war hereingebrochen. Herr Jones trieb die Herde heim. In seinen Armen trug er ein Lamm. Warum wohl? Vielleicht war es müde oder lahm, oder vielleicht konnte es nicht mit den andern schritthalten. Nun, jedenfalls würde es auf den starken Armen des Hirten sicher heimkommen. Dann vergaß ich das Bild, denn meine Gedanken gerieten in Aufruhr, und eine grenzenlose Angst überfiel mich.

Die Kinder schauten mich neugierig an, stellten jedoch keine Fragen. Frau Morton hatte es ihnen wohl verboten. Die Mahlzeit wäre in höchst gespannter Stimmung verlaufen, hätte Pfarrer Morton nicht plötzlich verkündet: »Stellt euch vor, sehr wahr-

scheinlich hat Eliane den Einbrecher gesehen!« Zu meiner Verwunderung war ich auf einmal der Held der Stunde. Jedermann wollte wissen, wie der Mann ausgesehen hatte, und Peter entwarf sogleich die wildesten Pläne, um ihn auf eigene Faust einzufangen. Nach der Andacht, die ich nun auf einmal mit ganz neuen Ohren hörte und miterlebte, diskutierten wir weiter, und alle waren erstaunt, als der Vater Peter, Janet und mich ins Studierzimmer rief.

Er saß in seinem Polstersessel. Seine Kinder ließen sich sofort eines auf der Armlehne, das andere auf dem Teppich zu seinen Füßen nieder. Ich blieb verängstigt im Türrahmen stehen. Da schob er sie ein wenig beiseite und machte Platz für mich. Und als auch ich auf dem Teppich kauerte und mich an seine Knie lehnte, sprach er ruhig:

»Eliane möchte euch etwas sagen.«

Es blieb mir nichts anderes übrig. Mit gesenktem Kopf sprudelte ich meine traurige Geschichte hervor:

»Es ist wegen der Muschel . . . ich hab' sie nicht gefunden . . . sie gehört Barbara . . . Ich habe etwas fürs Museum finden wollen . . . es ist nicht wahr gewesen . . .«

Weiter kam ich nicht. Ich bedeckte mein flammendes Gesicht mit beiden Händen und brach in bittere Tränen aus.

»Einen Augenblick, Eliane«, sprach der Pfarrer. »Du bist noch nicht ganz fertig. *Warum* erzählst du das? *Warum* willst du es in Ordnung bringen?«

»Weil ich«, schluchzte ich, »weil ich im Wald Jesus gebeten habe, mich zu seinem Eigentum zu machen, und weil ich von nun an anders werden will.«

»So ist's recht! Du bist heute nachmittag zum Herrn Jesus gekommen und bist Gottes Kind geworden. Nun hast du ihm gehorcht und brauchst nicht mehr traurig zu sein. Niemand wird dich bestrafen, weil es dir auch ohne Strafe leid tut. Du kannst jetzt gehen und ganz neu anfangen. Aber . . .« und seine Stimme wurde plötzlich ungewohnt streng, »ich wünsche, daß ihr beide, Peter und Janet, noch hier bleibt. Ich will euch sagen, wie Eliane dazu gekommen ist, jene Muschel zu nehmen.«

Ich wagte nicht aufzuschauen und schlich davon. Zu meiner Erleichterung waren die Kleinen bereits zu Bett gebracht worden, und Frau Morton saß mit dem Flickzeug am Kaminfeuer. Sie lächelte mir zu, und ich setzte mich neben sie, zu müde, um zu sprechen, aber voll Verlangen nach ihrem lieben, mütterlichen Wesen. Vielleicht hatte Herr Morton ihr bereits alles erzählt, denn sie stellte keinerlei Fragen. Sie begann im Gegenteil von all den vergnüglichen Aussichten der Osterferien zu plaudern. Gern wäre ich bei ihr geblieben, aber ich wollte nicht zugegen sein, wenn Peter und Janet aus dem Studierzimmer kamen. Ich konnte mir den verurteilenden Blick in Peters ehrlichen blauen Augen und Janets Gesicht, das halb Mitleid, halb Abscheu ausdrücken würde, nur allzugut vorstellen. Darum zog ich mich nach ein paar Minuten zurück. Wenig später kam Frau Morton herauf, strich meine Decke glatt und gab mir den Gutenachtkuß.

Es schien mir sehr lange zu dauern, bis Janet leise das Zimmer betrat und sich auszog, ohne das Licht anzudrehen. Ich kroch unter die Decke und schloß die Augen, als ob ich schliefe. Aber ich glaube, Janet merkte, daß ich mich nur so stellte, denn plötzlich warf sie sich neben mich aufs Bett und flüsterte:

»O Eliane, schlaf doch noch nicht! Hör zu! Peter und mir tut es ganz schrecklich leid, ehrlich gesagt, ganz schrecklich!«

»Was denn überhaupt?« fragte ich und erschien vor Verwunderung wieder an der Oberfläche. Das hatte ich nicht erwartet.

»Papa hat gesagt, es sei teilweise unsere Schuld, daß du die Muschel genommen hast«, erklärte Janet. »Er hat gesagt, es sei alles so gekommen, bloß, weil wir selbstsüchtig waren und nur einander wollten. Und er hat uns eine schaurige Geschichte aus der Bibel vorgelesen. Und ich habe schrecklich geheult, und ich glaube, sogar Peti hat ein klein bißchen geheult.«

»Was für eine schaurige Geschichte?« wollte ich wissen.

»Oh, über gewisse Leute, die unfreundlich und selbstsüchtig waren und zu denen Jesus sagte: ›Ich bin hungrig gewesen, und ihr habt mir nicht zu essen gegeben; ich bin fremd gewesen, und ihr habt nicht mit mir teilen und mit mir spielen wollen.‹ Und als sie behaupteten, sie hätten Jesus doch gar nie gesehen, da hat er gesagt: ›Das war damals, als ihr nicht mit meinen Kleinen teilen und spielen wolltet.‹ Es steht in Matthäus 25. Ich zeige es dir dann morgen. Papa hat gesagt, so seien wir gewesen, und du würdest dem Fremden gleichen, aber eigentlich sei es die ganze Zeit Jesus gewesen.«

Ihre Stimme versagte, und sie schluckte. Ich kroch näher an sie heran und flüsterte:

»Das ist nicht wahr. Ihr habt euch Mühe gegeben, aber ich bin eklig gewesen. Oft *wollte* ich gar nicht gut Freund mit euch sein. Und ich weiß, es ist furchtbar schlecht von mir gewesen, daß ich die Muschel genommen und gesagt habe, ich habe sie am Strand gefunden. Ich kann nicht begreifen, wie ich das tun konnte. Ich hab' nur immer gedacht, ich möchte, daß ihr mich gern habt.«

»Aber wir *haben* dich doch gern«, rief Janet und hob das heiße Gesicht aus den Kissen. »Wir finden es unerhört tapfer von dir, daß du alles gesagt hast, und wir wollen unbedingt jetzt Freunde sein und alles mit dir teilen, ja, unbedingt!«

»Und ich werde nicht mehr launisch und unzufrieden sein«, flüsterte ich, »weil, siehst du - wegen dem, was heute nachmittag passiert ist. Ich glaube, ich kann jetzt netter werden.«

»Bestimmt«, fiel Janet eifrig ein. »Ich bin so froh darüber, weil ich doch Jesus gehöre, und Peter auch. Und wir hätten es dir schon so oft gern gesagt, aber wir haben gedacht, du würdest uns auslachen. Papa sagt, es hätte auch kaum etwas genützt, weil wir so selbstsüchtig waren. Aber jetzt können wir alle miteinander Jesus gehören, das wird ein Riesenfest!«

»Könnten wir wohl morgens zusammen die Bibel lesen?« fragte ich. »Weißt du, da steht so viel von Jesus, was ich wissen möchte, und ich kenne mich nicht darin aus wie du, und du könntest mir helfen.«

»Das wird himmlisch«, erwiderte Janet, die zusehends vergnügter wurde. Wir rückten die Betten ganz aneinander und plauderten, bis ihr die Augen zufielen und sie mitten in einem Satz einschlief. Ich aber lag noch lange hellwach und überdachte diesen merkwürdigen, bewegten, schrecklichen und wunderbaren Tag. Da lag ich nun, im Frieden mit aller Welt, ohne Furcht, mit erlangter Vergebung, die liebe, heißblütige, sorglose Janet nahe bei mir, als meine Freundin - endlich! In diesem Augenblick fiel mir Herr Jones ein, wie er mit dem Lamm in den Armen heimwärts schritt, und ich mußte lächeln. Glich ich nicht dem Lamm? Auch ich war nicht mehr weitergekommen. Aber Jesus hatte mich in die Arme genommen und heimgebracht. Nun würde er immer bei mir bleiben, er, bei dem Trost, Friede und Freude die Fülle war.

Wahrhaftig, das Leben hatte neu begonnen. Ich werde nie vergessen, wie mir zumute war, als ich am nächsten Morgen in dem Bewußtsein erwachte, daß mein dunkles Geheimnis für immer hinter mir lag, und daß ich nicht länger einsam, angstvoll und unsicher weitertappen mußte. Ich gehörte Jesus an; er würde mir den Weg des Lebens zeigen, und wenn ich mit ihm ging, würde ich alles erfahren, was es über »Freude die Fülle« zu erfahren gab. So hatte Pfarrer Morton wenigstens versichert, und selbst die Vögel auf den blühenden Apfelbäumen schienen es in die Welt hinauszuschmettern. Nie zuvor war der Himmel so blau, nie die Osterglocken so leuchtend gelb gewesen. Ich lehnte mich im Nachthemd weit aus dem Fenster, sog die frische Morgenluft ein und hätte am liebsten Janet geweckt. Aber sie schlief noch fest. So kroch ich nochmals unter die Decke und schlief vor lauter glücklicher Erleichterung ebenfalls wieder ein.

Noch stand mir die Begegnung mit Peter bevor. Obwohl er nichts zu sagen vermochte, merkte ich, daß auch ihm das Vergangene leid tat. Den ganzen Tag bemühte er sich, mir in seiner scheuen, schroffen Art zu beweisen, daß er mit mir teilen wollte. Im übrigen war er des Einbrechers wegen noch immer sehr aufgeregt, und als ich am Nachmittag tatsächlich zum Polizeiposten gehen mußte, um den Mann zu beschreiben, den ich angetroffen hatte, kannten sein Neid und seine Bewunderung keine Grenzen. Er war noch immer überzeugt, daß wir den Mann selbst erwischen könnten, und zwang mich wiederholt, hinter unschuldigen Bauersleuten herzuschleichen oder hinter Büschen zu kauern, um vorbeigehende Fußgänger zu beobachten. Es schmeichelte mir, eine solch wichtige Persönlichkeit zu sein, aber ich wurde davon recht müde und war ganz froh, als Peter die Sache schließlich als aussichtslos aufgab.

Es war am ersten Sonntag nach jenem unvergeßlichen Tag, als mich der Pfarrer vor dem Gottesdienst in sein Studierzimmer rief und mir ein Paket überreichte. Ich öffnete es voll freudiger

Spannung. Eine prächtige blaugebundene Bibel mit Goldschnitt kam zum Vorschein. Stumm vor Freude schlug ich sie auf. Da fand ich auf dem Titelblatt meinen Namen und meinen eigenen Vers aufgezeichnet: ELIANE NELSON

Du zeigst mir den Weg des Lebens;
bei dir ist Freude die Fülle.

Ich liebte meine Bibel über alles, obwohl ich sie noch wenig kannte, und meine große Freude in jenen Tagen war das morgendliche Bibellesen mit Janet. Ihr Vater hatte uns Hefte gegeben, in denen für jeden Tag ein kurzer Abschnitt aus der Bibel angegeben und erklärt war. Wir lasen immer zuerst diesen Abschnitt in der Bibel und anschließend die Erklärung im Heft.* Janet war immer bereit, eigene Erklärungen hinzuzufügen. Ich weiß nicht, inwieweit sie richtig waren, aber sie befriedigten uns beide völlig. Dann wählten wir den Vers, der uns am besten gefiel, und schrieben ihn in unsere Notizbücher. Manchmal kam er uns tagsüber in den Sinn und erinnerte uns an Jesus und die Hilfe, die er uns immer geben will.

Janet hatte sich so sehr daran gewöhnt, diese stillen Minuten vor dem Frühstück einzuhalten, daß sie ihr fehlten, wenn sie je einmal zu spät aufstand. Und ich merkte bald, daß es nur möglich war, nahe bei Jesus zu bleiben und seine volle Freude zu haben, wenn ich jeden Morgen zu ihm kam und auf seine Stimme hörte, die in der Bibel zu mir sprach.

Wir blieben nicht immer im Zimmer sitzen. Manchmal liefen wir in den Garten und setzten uns unter einen Apfelbaum, wo die Blütenblätter auf uns und unsere offenen Bibeln herabschwebten. Manchmal gingen wir über die holprigen Wiesen hinauf, wo stellenweise Sumpfdotterblumen wuchsen, die mir fast bis zu den Knien reichten.

Am Ostersonntag erwachten wir sehr früh und sahen, daß die Welt voller Licht, Farben und Gesang war. Da nahmen wir unsere Bibeln und Notizbücher, und ohne ein Wort zu wechseln -

* Gemeint sind die Hefte des Bibellesebundes. Siehe Anzeigen auf Seite 175.

denn wir wußten beide, wohin es uns zog - machten wir uns im Laufschritt davon, quer durch das feuchtglänzende Gras, dem Sternhyazinthen-Wald entgegen.

Der Sternhyazinthen-Wald war ein am Abhang liegender Jungwald mit allerlei geheimen, im Laubwerk verborgenen Plätzen. Peter und Janet kannten sich hier gut aus, aber ich war noch nie weit hineingedrungen. Für mich war es noch ein Ort voller Geheimnisse. Die Äste der Lärchen hingen tief über den Pfad herab und streichelten uns mit ihren weichen Nadelbüscheln. Haselkätzchen tanzten in den Büschen auf und ab und puderten uns die Nasen mit Blütenstaub. Wir hatten kein bestimmtes Ziel, sondern bogen einfach vom Hauptweg ab und steuerten dem Innern des Waldes zu. Rings um uns breiteten sich Teppiche von Sternhyazinthen aus, und die Luft war schwer von ihrem Duft.

Janet blickte sich erstaunt um und meinte:

»Hier bin ich bestimmt noch nie gewesen. Ich glaube beinah, hier kommt überhaupt nie jemand hin. Schau, da schlingen sich ja Geißblattranken von einem Baum zum andern, und der Weg ist zu Ende. Und - o schau! Dort ist eine Stelle, wo die Sonne hereinschaut. Komm schnell, Eliane, da gehn wir hin!«

Ich folgte ihr etwas langsamer durch das dichte Unterholz, und als ich hinkam, stand Janet bereits still und andächtig mitten in der Lichtung. Ich sah mich um. Auf allen Seiten standen gleich Säulen schlanke Buchen, und über uns hoben sich ihre Zweige und Blätter in filigranartiger Feinheit vom hellen Himmel ab. Hier und dort neigten junge Lärchen ihr Haupt, und in der Mitte war der ganze Erdboden bedeckt mit leuchtenden, weit geöffneten Sumpfdotterblumen, jede einzelne von ihnen bis an den Rand gefüllt mit Sonnenschein. Auf den Buchenzweigen tirilierten und jubilierten ganze Scharen von Vögeln, wie Sängerknaben in ihren Chorstühlen. Nach der Stille der Waldestiefe klang es beinah ohrenbetäubend.

»Weißt du was?« rief Janet mit strahlenden Augen. »Es ist doch Ostermorgen, und das ist unsere Kirche! Wir wollen durch das Schiff zum Altar hinaufgehen und sehen, was geschieht.«

Der Altar war der Stumpf eines Kastanienbaumes. Er hatte hinten ausgeschlagen und streckte dem Auferstandenen seine Blütenkerzen entgegen. Zur Linken stand ein wilder Kirschbaum in voller Blüte und streute »Schneeflocken« über das Moos.

»Es ist eine regelrechte Kirche«, flüsterte Janet und setzte sich beim Altar nieder. »Hier ist der Chor, da die Kerzen, und der Kirschbaum hält die Predigt, weil er so weiß ist. Komm, Eliane, hier wollen wir den Abschnitt über die weißen Kleider lesen, den Papa uns einmal vorgelesen hat. Er steht irgendwo in der Offenbarung.«

Wir blätterten eifrig in unseren Bibeln. Janet fand die Stelle

ziemlich rasch und las die Verse triumphierend vor. Ich verstand ihre Bedeutung nicht, aber ich liebte ihren Klang: »Du hast einige Namen in Sardes, die ihre Kleider nicht befleckt haben; diese sollen mit mir in weißen Kleidern einhergehen, denn sie sind dessen würdig. Wer überwindet, der wird mit weißen Kleidern angetan werden.«

»Was bedeutet das?« fragte ich. »Und was ist Sardes?«

»Es war eine sehr böse Stadt, und jedermann darin war böse und schmutzig, außer ein paar wenigen Leuten. Und Jesus hat gesagt, diese Leute sollten mit ihm gehen . . . Ich kann mir denken, daß man sehr sauber und rein sein muß, um mit Jesus zu gehen.«

»Was meinst du mit ›böse und schmutzig‹? Was hatten die Leute getan?«

Janet starrte in die blendende Reinheit des Kirschbaums und antwortete nicht gleich. Schließlich meinte sie, und ihre Worte kamen nur stockend:

»Vielleicht war's da wie manchmal bei uns in der Schule, weißt du, wenn sie auf dem Schulhof die Köpfe zusammenstecken und tuscheln und über unsaubere Dinge kichern. Manchmal gehe ich auch hin und höre zu, bloß um nicht anders zu sein als sie. Und weißt du, Mama würde der Schlag rühren, wenn sie hören könnte, was Irene und Gerlinde erzählen. Die behaupten, sie sehen solche Sachen im Kino, ich glaube, sie erfinden die Hälfte. Und Peter sagt, die Jungen seien noch schlimmer als die Mädchen.«

Ich heftete die Augen auf die gelben Blumen, während heiße Scham in mir hochkroch. Auch ich hatte immer wieder versucht zuzuhören, obwohl ich meist weggeschoben wurde.

»Ich glaube, die Kleider rein behalten heißt, daß man sich weigert zuzuhören und weggeht, wenn sie anfangen«, entschied Janet energisch. »Ich habe es einmal gemacht. Da haben sie gelacht und gesagt, ich sei eine fromme Gans, und nachher habe ich den Mut dazu nicht mehr gehabt. Aber von jetzt an wollen wir es ihnen zeigen, Eliane, daß wir solche Sachen nicht mögen. Im Grunde mögen sie bestimmt viele Mädchen nicht, und wenn wir anfangen, nein dazu zu sagen, machen sie es uns vielleicht nach. Auf jeden Fall haben wir ja einander. Komm, wir schreiben als Tagesvers auf: ›Sie werden mit mir in weißen Kleidern einhergehen, denn sie sind dessen würdig.‹«

Wir schrieben den Vers sorgfältig in unsere Notizbücher, während die Sonne warm durch das Blattwerk auf unsere gebeugten

Köpfe fiel. Dann standen wir auf, um heimzugehen. Mit leiser Traurigkeit fühlten wir es beide: Wir mochten noch so oft zu unserer geheimen Kirche zurückkehren, nie würden wir den Zauber dieses goldenen Ostermorgens wiederfinden. Auch die Vogelstimmen würden nie mehr in derselben Weise zusammenklingen: das helle Trillern der Amseln und Drosseln, vermischt mit dem Girren der Ringeltauben, vor irgendwoher der Ruf eines Weidenzeisigs und dann plötzlich der spöttische Ruf des Kuckucks.

»Das ist der erste, den ich höre«, sagte Janet und weckte uns damit aus unseren Träumen, »er ist früh. Komm, ich glaube, wir müssen laufen! Ich sollte Mama helfen.«

Sie stob davon, zwischen den Stämmen hindurch und über den Zaun, hinaus auf das offene Feld, und ich folgte ihr auf den Fersen, denn ich konnte jetzt viel schneller laufen als früher. Die Sonne stand schon ziemlich hoch am Horizont, und auf den Lämmerweiden wandten sich sämtliche Gänseblümchen und Butterblumen der Sonne zu. Im Augenblick erschien es mir unmöglich, daß es in einer solch schönen Welt irgend etwas Häßliches und Unsauberes geben sollte.

Wir trafen die Familie mitten im gewohnten Trubel des sonntäglichen Aufstehens. Rosmarie hatte sich beim Anziehen drei Knöpfe abgerissen und verteidigte sich heftig, sie sei viel zu dick geworden, um dieses Kleid noch tragen zu können. Johnny, der handwerkliche Neigungen hatte, erschien mit einer Beißzange und einem Stück Draht aus seinem Werkzeugkasten und bot ihr an, es zusammenzuheften, »garantiert unzerreißbar«. Emma mühte sich mit Annes Socken ab, mußte dabei einmal über das andere herzlich lachen und behauptete, es sei gar nicht nötig, zum Vergnügen ins Kino zu gehen, bei dieser Familie wahrhaftig nicht! Robert durfte heute, weil Ostern war, zur Feier des Tages mit zur Kirche kommen; er steckte unter dem Tisch, wo er in aller Stille Jumbo in Festkleider zwängte. Im allgemeinen Tumult des Aufbruchs, bei dem erst noch aufgepaßt werden mußte, daß Nero nicht ebenfalls aufbrach, hoffte er auf die Möglichkeit, Jumbo in den Gottesdienst einzuschmuggeln. Jedenfalls konnte es nichts schaden, es zu versuchen.

Das Frühstück war ein Riesenspaß, weil der Osterhase im ganzen Garten Eier versteckt hatte: zwischen den Osterblumen, mitten in den Vergißmeinnicht, und eines sogar in einem verlassenen Drosselnest in der Weißdornhecke. Wir brauchten lange, um sie alle zu finden, und nachher waren unsere Sonntagsschuhe naß vom Tau und unser frischgekämmtes Haar ganz zersaust. In der Zwischenzeit, so hieß es, saß der »Osterhase« im Studierzimmer über seiner Sonntagspredigt.

Während wir uns nach dem Frühstück für den Kirchgang bereitmachten, ertönten die gewohnten mütterlichen Fragen: »Habt ihr alle euer Kollektengeld? Hat jeder sein Taschentuch?« Nach einem letzten Kampf mit Nero waren wir endlich unterwegs, liefen über die Wiesen und warfen unsere Kappen in die Luft. Frau Morton war nämlich heute zu Hause geblieben, und Emma verstand es nicht, uns im Zaum zu halten.

Die Kirche war überfüllt. Der Abendmahlstisch war ein einziger riesiger Strauß von weißen Blüten, Osterblumen und Tulpen, und als Chor und Gemeinde sich zum Gesang erhoben, schallte es triumphierend durch den hohen Raum:

»Christ ist erstanden,
halleluja!«

Ich warf einen Blick auf unsere Bankreihe. Emma, in ihrer neuen, feuerroten Bluse, sang aus vollem Hals. Sie hatte Jumbo nicht bemerkt, der, mit Hosen und einem geblümten Taschentuch angetan, mit seinem Rüssel den Takt schlug. Dann las Pfarrer Morton den Auferstehungsbericht, wie der Engel des Herrn im weißen Gewand herabkam und das Grab aufschloß. Ich stellte mir den Herrn Jesus vor, wie er heraustrat, bestimmt auch, wie der Engel, in weiß gekleidet. Ja, um nahe bei ihm auf dem Weg des Lebens zu gehen und die Fülle seiner Freude zu teilen, mußte man wirklich ganz sauber und rein sein. Janet hatte recht: Vor diesem Glanz konnte nichts Schmutziges bestehen.

Wir erhoben uns zum zweiten Lied. Peter, als Chorjunge, hatte eine Solostrophe zu singen. Seine helle ungebrochene Stimme schwebte jubelnd in die Höhe:

»Jesus lebt, mit ihm auch ich.
Tod, wo sind nun deine Schrecken?
Er, er lebt und wird auch mich
von den Toten auferwecken.
Er verklärt mich in sein Licht,
dies ist meine Zuversicht.«

Da geschah es, daß des Pfarrers Blick Robert streifte. Ein seltsamer Ausdruck trat in seine Augen. Robert aber - im Bewußtsein, daß man endlich auf ihn aufmerksam geworden war - schnellte in die Höhe, bevor Emma ihn daran hindern konnte, hob Jumbo hoch und schwenkte ihn begeistert über den Köpfen der Gemeinde.

Am folgenden Morgen drängten zwei Neuigkeiten alles andere in den Hintergrund: Barbara sollte zurückkehren, und Peters Kaninchen hatten Junge geworfen.

Die Vormittagspost kam während des Frühstücks an. Sie brachte einen Brief von Frau Thomas, in dem sie ihre Ankunft auf Mittwoch anzeigte und Frau Morton bat, eine Frau vom Dorf zu beauftragen, das Haus in Ordnung zu bringen. In der Folge gab es viel Aufregung und Gesprächsstoff für die Kinder; sie waren mit Barbara befreundet, die vor ihrer Krankheit viel mit ihnen gespielt hatte.

Ich erfuhr alles über Barbara. Sie wohnte in dem Haus, das zu meinem Garten gehörte, und war vor einem Jahr schwer an Kinderlähmung erkrankt. Obwohl sie sich schließlich erholte, blieben ihre beiden Beine teilweise gelähmt. Sie hatte nun einige Monate in einer orthopädischen Klinik zugebracht, um wieder gehen zu lernen, und ihre Mutter hatte sich in ihrer Nähe niedergelassen. Ihr Vater diente in der Marine und war den größten Teil des Jahres unterwegs.

»Kann Barbara wieder gehen?« fragte Janet.

»Nur schlecht und mit Krücken«, antwortete Frau Morton traurig. »Aber natürlich kann sie noch Fortschritte machen. Arme Barbara! Wir müssen ihr einen ganz herzlichen Empfang bereiten. Sie muß merken, daß ihr auch in Zukunft mit ihr spielen wollt.«

Jedes Gesicht außer dem meinen erhellte sich in freudiger Bereitschaft. Ich fühlte mich recht unbehaglich. Johnny und Rosmarie wollten Barbaras Zimmer mit Blumen schmücken, und Janet entschloß sich, Karamellen herzustellen. Peter, der recht gut schreinern konnte, wollte ihr ein Krankentischchen zimmern unter der Bedingung, daß sein Vater ihm das Holz dazu lieferte. Sie zogen miteinander los, um das Nötige zu besorgen.

Robert äußerte sich nicht, aber er war in Gedanken vertieft und bekam dabei ganz heiße Wangen. Als sich das Zimmer geleert hatte, erwischte er seine Mutter beim Schürzenzipfel, schaute mit seinen blauen Augen, in denen Tränen glitzerten, zu ihr auf und flüsterte:

»Das Mädchen, was keine Beine nicht hat - ich will ihm Jumbo leihen!«

»Wirklich, mein Schatz?« sagte Frau Morton und beugte sich liebevoll über ihn, denn sie war sich der Größe des Opfers bewußt. »Wir wollen ihn miteinander hintragen und auf Barbaras Bett legen. Du wirst sehen, wie sie sich freut!«

»Aber nicht zum Behalten!« fügte Robert rasch hinzu. »Nur . . . nur bis ich ins Bett muß!«

»Ja, bis du zu Bett gehst. Jumbo könnte ja Heimweh bekommen, wenn er in der Nacht nicht bei dir wäre . . . Oh, was gibt's, Peter? Was ist passiert?«

Eben stürzte Peter ins Zimmer, außer Atem vor Aufregung, Janet hinterher.

»Meine Kaninchen, Mama!« rief er. »Sie haben Junge! Das Weibchen hat sich das ganze Fell vom Bauch gerissen und hinten im Stall ein Nest damit gemacht. Komm doch und sieh! Nein, nicht ihr, Eliane und Robert! Nur immer einer. Der Vater frißt sie auf, wenn zu viele Leute sie anschauen.«

»Du wirst den Vater wegnehmen und allein einsperren müssen«, sagte der Pfarrer, der hinter Peter eingetreten war. »Sie töten oft ihre Jungen, wenn man sie beieinander läßt. Mama und Eliane sollen noch rasch hineinschauen, dann gibst du der Mutter eine gehörige Mahlzeit aus Kleie und Löwenzahn und läßt sie in Ruhe.«

Ich faßte die Hand von Frau Morton und eilte mit ihr zum Stall. Robert trabte hinter uns her. Sorgsam öffnete Peter das Türchen, nur einen Spalt weit: Wir erblickten ein weiches, weißes Pelzbett, das aussah, als hätte jemand Hunderte und aber Hunderte von Löwenzahn-Lichtern zusammengeblasen. Mittendrin regte sich ein quiekender Haufen winziger Kaninchen.

»Wie viele sind's?« flüsterte ich.

»Weiß nicht!« flüsterte Peter zurück. »Sie sind wie aneinander geklebt, und ich mag sie nicht anfassen, um sie zu zählen. Erst soll sich die Mutter an sie gewöhnen. Mama, könnte ich nicht statt einen Krankentisch einen Kaninchenstall bauen? Dann schenke ich Barbara zwei Kaninchen. Sie könnte sie bei ihrem Bett haben. Das wäre doch eine feine Unterhaltung für sie!«

»Der Gedanke ist ausgezeichnet, Peter. Ich weiß nur nicht, was Frau Thomas zum Geruch sagen würde! Vielleicht könnte Barbara die Kaninchen eher draußen vor dem Fenster halten. Ich denke, man richtet ihr das Schlafzimmer ohnehin zu ebener Erde ein. Mach dich nur gleich ans Werk!«

Kurz darauf schlich ich tiefbekümmert zum Studierzimmer und öffnete die Tür ein Spältchen. Zu meiner Verwunderung und Erleichterung hatte der Pfarrer meine Gedanken erraten, denn er sagte:

»Komm nur herein, Eliane! Nicht wahr, du denkst an die Muschel und weißt nicht, was du tun sollst? Ich habe sie gleich aus dem Museum geholt und hier in meinem Schreibtisch verwahrt. Willst du heute mit Mama hinaufgehen und sie an ihren Platz zurücklegen? Übrigens habe ich mir etwas für dich ausgedacht: Du hast recht erfolgreich in diesem Garten gearbeitet. Möchtest du nicht das angefangene Steingärtchen fertigstellen und dann den ganzen Garten säubern? Du hast genau zwei Tage Zeit dazu.«

Ich war hell begeistert. Seit dem Tag meiner großen Entdekkung hatte ich keine Lust mehr gehabt, in den Garten zurückzukehren. Der Gedanke daran hatte etwas Beängstigendes und weckte Schuldgefühle in mir. Und doch hatte mir »mein« Garten gefehlt. Was wohl meine Pflänzchen machten? Waren die Eier schon ausgebrütet? Nun durfte ich dorthin zurückkehren, in aller Offenheit. Freilich, mein Glück sollte nur zwei Tage währen, aber war das nicht besser als gar nichts?

Als Frau Morton hinaufgehen wollte, um das Haus für die Putzfrau zu öffnen, war ich ebenfalls startbereit. Mit einer Hand umklammerte ich die Muschel, in der andern trug ich eine kleine Schaufel. Frau Morton stellte keine Fragen, als ich ins Haus schlüpfte und im Wohnzimmer verschwand. Noch hatte ich keinen Blick für den Garten gehabt. Sobald die Muschel aber sicher an ihrem Platz lag, rannte ich in mein kleines Königreich hinaus und erforschte es von einem Ende zum andern.

Ich war verblüfft, wieviel das wechselnde Aprilwetter zustandegebracht hatte. Die Pflänzchen in meinem Steingarten wurden vom Unkraut beinah erdrückt, aber sie wuchsen dennoch und bildeten Knospen. In den Beeten hielten Tulpen ihre flammenden Kelche hoch, und die Ränder waren blau von Vergißmeinnicht. Ein süßer Duft stieg mir in die Nase. Ich durchstöberte das hohe Gras, bis ich seine Herkunft fand: Maiglöckchen strebten nach dem Licht! Zuallerletzt schlich ich auf den Zehenspitzen zum Fliederstrauch, der bereits Knospen trug, und suchte mit den Augen mein Nest. Da - ein Rascheln und Piepsen, und fünf gelbe Schnäbel wurden aufgerissen! Ich mußte lachen und zog mich rasch zurück.

»Die haben gedacht, ich sei ihre Mutter und bringe ihnen einen Wurm! Wo sie wohl hingeflogen ist?«

Während ich mit Jäten beschäftigt war, flog die Vogelmutter unablässig an mir vorbei.

So arbeiteten wir beide angestrengt. Ich säuberte das Steingärtchen gründlich, wobei ich eine ganze Reihe Pflanzen freilegte: Levkojen, Mohn, Goldlack. Auch um die Tulpen und Maiglöckchen schuf ich freien Raum. Ich konnte mich für die Mahlzeiten kaum von meiner Arbeit losreißen und schaffte, bis der letzte Lichtschimmer verschwunden war. Ich war glücklich und traurig zugleich: glücklich, weil ich den Garten bearbeiten durfte, und traurig, weil er nicht länger mir gehörte. Bald schon würde Barbara hier wohnen.

Am letzten Morgen kam die ganze Pfarrersfamilie herauf, um sich alles anzusehen und ihre Gaben zu bringen. Alle waren ganz erstaunt, als sie sahen, was ich erreicht hatte. Peter hatte ebenso fleißig gearbeitet wie ich, und der Stall - leuchtend grün und klebrig - wurde mitten auf den Rasen neben das Haus gestellt, wo er zu warten hatte, bis die Kaninchenjungen groß genug waren überzusiedeln. Janet versah jede Ecke und Nische im Haus mit Tellerchen voll selbstgebrannter Karamellen, und die Zimmer prangten bald im Schmuck ungezählter Blumen.

Barbaras Bett, auf dem Jumbo thronte, wurde ans Fenster gezogen, von wo man das Steingärtchen überblicken konnte. Außer dem Garten war nun alles bereit. Das Unkraut rings um den Fliederbusch hatte ich noch nicht ausreißen können. Frau Morton schaute sich um und fand:

»Nun, ich denke, wir sollten zum Mittagessen gehen. Jemand bringt unsere Freunde etwa um vier Uhr mit einem Wagen hierher. Wir werden etwas früher kommen und den Tee zubereiten.«

Ich zupfte sie am Ärmel und fragte:

»Muß ich zum Essen kommen? Darf ich nicht hierbleiben und den Garten fertigmachen?«

Ich sprach im Flüsterton, weil ich fürchtete, Peter und Janet könnten sich anerbieten, ebenfalls hierzubleiben, um mir zu helfen. An diesem letzten Nachmittag aber mußte ich den Garten für mich allein haben. Doch meine Sorge war umsonst gewesen: Die Kinder waren so hungrig, daß sie bereits auf und davon liefen.

»Einverstanden«, sagte Frau Morton lächelnd. »Ich schicke dir Johnny mit einem kleinen Imbiß.«

Ich atmete erleichtert auf. Johnny war stets sehr eßlustig und würde bestimmt nicht dableiben wollen. Frau Morton schloß die Gartenpforte hinter sich. Für einige wenige Stunden durfte ich allein bleiben.

Johnny kam und ging wieder in größter Eile, doch ich war vorerst zu sehr beschäftigt, um ans Essen zu denken. Ich war eben im Begriff, unter dem Fliederbusch Ordnung zu schaffen, als ich plötzlich hörte, wie Autobremsen angezogen, Türen geöffnet und Stimmen laut wurden. Die Besitzer waren früher angekommen als vorgesehen!

Ich sauste um die Hausecke und drückte mich an die Wand. Der Gedanke, auf frischer Tat ertappt und allein im Garten angetroffen zu werden, erschreckte mich über die Maßen, und ich hoffte nur, ich würde unbemerkt entfliehen können. Im nächsten Augenblick hörte ich eine fröhliche Kinderstimme ausrufen:

»Mutter, Mutter, der Garten lebt ja! Und wir haben gemeint, es sei alles erstickt! Schau, Mutter, die Maiglöckchen, und da, schau, o schau rasch, jemand hat ein Steingärtchen angelegt!«

»Wie schön«, antwortete eine Frauenstimme, »es ist, als wären

Elfen an der Arbeit gewesen. Sieh hier, da sind . . .«

Ein Ausruf des Kindes unterbrach sie.

»O Mutter, dort drüben auf dem Rasen steht ein Kaninchenstall. Komm schnell! Vielleicht sind Kaninchen drin?«

Ich war verloren, ich wußte es. Jedenfalls schaute ich so schuldbewußt in die Welt, als hätte ich soeben einen Einbruch verübt. Da kam Barbara schon um die Ecke.

Sie war klein und schmächtig und ging an Krücken. Die Beine steckten in eisernen Gestellen. Aber ich fand sie schön, denn blonde Zöpfe hingen ihr bis über die Hüften herab, und ihre Augen glichen weitoffenen Vergißmeinnichtblüten. Halb erschrokken, halb erstaunt starrte sie mich an und rief ängstlich:

»Mutter, komm schnell! Da ist jemand versteckt!«

Den Kopf noch voll frischer Einbruchsgeschichten, stieß Frau Thomas einen Schreckensschrei aus und eilte herbei. Dann sah sie, wie klein ich war, und fragte streng:

»Was tust denn du hier?«

»Nichts«, stotterte ich, »das heißt . . . ich habe im Garten gearbeitet. Frau Morton hat gesagt, ich dürfe . . . Ich wohne im Pfarrhaus. Wir sind alle dagewesen wegen Barbara.«

Frau Thomas brach in fröhliches Gelächter aus.

»Ach so, dann bist du Eliane, die unsern Einbrecher gesehen hat! Frau Morton hat mir alles geschrieben. Du bist es also, die unsern Garten zurechtgemacht hat. Barbara und ich finden alles ganz wunderschön. Du mußt hereinkommen, damit wir dich richtig begrüßen können. Komm, Barbara, du hast lange genug gestanden!«

Sie zog einen Schlüssel aus der Tasche, hob Barbara auf, als wäre sie ein kleines Kind, und trug sie ins Haus. Sie legte sie auf das Bett, auf dem Jumbo sie in geblümten Hosen und mit einem Käppchen über den Ohren erwartete.

»Mutter, sieh doch all die Blumen!« rief Barbara, »und der Steingarten liegt gerade dem Fenster gegenüber, so daß ich ihn den ganzen Tag sehen kann! Denk dir, Eliane, im Krankenhaus habe ich immer nur eine Hausmauer und einen hohen Kamin gesehen. Es gibt überhaupt keine Blumen in Manchester. Komm, setz dich zu mir und sag mir: Wer hat die Karamellen gemacht? Und wer hat diesen lustigen Elefanten hierher gesetzt? Und sind eigentlich Kaninchen im Stall?«

Meine Zunge löste sich, und während Frau Thomas sich in der Küche zu schaffen machte, schüttete ich sämtliche Neuigkeiten über Barbara aus. Einmal steckte Frau Thomas den Kopf zur Tür herein und fragte:

»Hast du zu Mittag gegessen, Eliane?«

Da fiel mir mein Picknick ein, und ich rannte hinaus, um es zu holen. Ich aß meine Brote und Barbara ein Omelett, worauf wir alle miteinander Tee tranken. Dann sprach Frau Thomas mit einer Stimme, die im voraus jede Widerrede ausschloß:

»Wenn die Pfarrersfamilie uns heute nachmittag begrüße will, muß Barbara jetzt ruhen. Auf Wiedersehen, Eliane, und da du's weißt: Wir sind begeistert vom Garten.«

So verabschiedete ich mich denn und hüpfte vor Freude au dem ganzen Heimweg. Der Garten gehörte mir nicht länger, abe der Gedanke an ihn beglückte mich mehr denn je.

»Wie seltsam«, sagte ich mir, »es macht viel mehr Freude, et was für andere zu tun, als bloß für sich allein.« Und ich sprang mi einem Satz über eine Bodenwelle, weil ich mir vorstellte, wie Bar bara nun auf ihrem Ruhebett lag und sich am Anblick des Stein gärtchens erfreute.

Die Osterferien gingen nur allzu rasch ihrem Ende entgegen. Ich war fleißiger und glücklicher denn je in meinem Leben. Einerseits wurde ich nämlich immer kräftiger und zäher; ich konnte bereits auf niedrige Bäume klettern und bei Wettläufen hinter den andern herjagen. Anstatt ihre Spiele einfältig zu finden, begann ich, sie zu genießen. Andererseits hatte mich die Schönheit des Frühjahrs auf dem Lande gepackt, und ich war völlig eingenommen von Nestern und Wildblumen. Janet wurde nie müde, mir ihre Namen einzuhämmern, und Peter stellte gern sein Wissen zur Schau, so daß ich auf dem besten Wege war, eine Naturforscherin zu werden.

Außerdem gab es jetzt Barbara. Sämtliche Pfarrerskinder taten ihr Bestes, um sie aufzuheitern, aber merkwürdigerweise hatte sie eine Schwäche für mich und schien meine Gesellschaft jeder anderen vorzuziehen. Vielleicht kam es daher, weil wir beide Einzelkinder waren und unsere einsamen kleinen Träume und Geheimnisse hatten, welche Kinder einer großen Familie nie verstehen konnten. Vielleicht war es auch, weil ich weniger energiegeladen war als die andern und es leichter fand stillzusitzen. Jedenfalls gefiel es mir, zum erstenmal in meinem Leben vorgezogen zu werden, und anfangs besuchte ich Barbara jeden Tag. Ich fuhr auch fort, den Garten zu pflegen. Frau Thomas gab mir sogar ein Stück Garten für mich allein, über das ich frei verfügen konnte. Das war mir eine riesige Freude, und ich machte mir oft darin zu schaffen, während Barbara auf einer Decke daneben im Gras lag. Aber als der Boden vorbereitet und die Samen gesät waren, gab es nichts mehr zu tun, als zu warten. Am nächsten Tag fuhren wir alle zu einem Picknick aus. Am übernächsten radelten wir drei Ältesten die Küste entlang, um Möweneier zu suchen. So kam es, daß ich erst am Abend des dritten Tages wieder nach Barbara sah.

Sie lag am offenen Fenster. Ich sprang behende über das Fensterbrett und setzte mich zu ihr. Aber sie schien gar nicht sonderlich erfreut, mich zu sehen, und erwiderte meinen Gruß nicht. Kein Wunder, daß ich ärgerlich fragte:

»Was ist denn los? Wenn du nicht reden willst, gehe ich wieder.«

Sie wandte mir das Gesicht zu; ihre blauen Augen standen voller Tränen.

»Warum bist du nicht gekommen? Ich habe zwei ganze Tage auf dich gewartet, und du hast mich einfach vergessen. Du kümmerst dich überhaupt nicht um mich!«

»Unsinn!« erwiderte ich ziemlich ungeduldig. »Ich habe dich doch nicht vergessen. Wir haben bloß so sehr viel zu tun gehabt. Es tut mir leid, aufrichtig leid. Aber wir haben halt Ausflüge gemacht. Peter und Janet wollten, daß ich mitkomme, und . . .«

Ich hielt inne, denn sie hatte das bleiche Gesicht ins Kissen gepreßt und schluchzte herzzerbrechend:

»Und ich kann nie, nie mehr mit! Immer werde ich ein Krüppel bleiben, und niemand will meine Freundin sein! Oh, wenn ich nur sterben könnte!«

Nun tat sie mir wirklich leid. Ich schlang meine Arme um sie und sagte ehrlich betrübt:

»Ich will bestimmt immer deine Freundin sein. Nur - manchmal muß ich doch mit den andern gehen. Es tut mir schrecklich leid, daß du gelähmt bist, und ich will zu dir kommen, sooft ich kann. Aber du mußt nicht böse sein, wenn es Tage gibt, an denen ich nicht komme. Denn sieh mal, bald fängt die Schule wieder an, und dann habe ich ziemlich viel Hausaufgaben. Aber ich verspreche dir: Ich werde tun, was ich kann.«

»Kommst du denn nicht gern zu mir?« fragte Barbara und schnupfte eindrücklich.

»Klar. Aber manchmal unternehme ich auch gern etwas mit Janet.«

Barbara kam mir langsam recht selbstsüchtig vor.

»Oh, ich weiß schon, du hast Janet viel lieber als mich!« schluchzte sie und verschwand wieder im Kissen. Mir aber, die ich nie ernstlich krank gewesen und nicht dazu erzogen worden war, mich um andere Leute zu kümmern, riß der Geduldsfaden.

Ich ging davon. Als letztes warf ich ihr hin, ich würde wiederkommen, wenn sie besserer Laune sei.

Kurz darauf begann die Schule, und ich war vollauf beschäftigt. Ich hatte aufgehört, Barbaras Gesellschaft reizvoll zu finden. Sie schmollte und grollte die meiste Zeit, weil ich tags zuvor nicht bei ihr gewesen war, und wir stritten uns oft. Ich vergaß ganz, daß auch ich mir einst beiseitegestellt und höchst bedauernswert vorgekommen war, und zwar mit viel weniger Ursache als Barbara. Und da ich es nicht gewohnt war, mich zu unliebsamen Dingen zu zwingen, wurden meine Besuche immer seltener. Janet versuchte nach Möglichkeit, mich zu ersetzen, aber nach einiger Zeit hatte sie Barbaras ewiges Gefrage nach mir satt.

Als wir eines Nachmittags heimradelten, meinte sie ziemlich besorgt:

»Du solltest sicher heute zu Barbara gehen. Sie hat dich jetzt viel lieber als mich und fragt so oft nach dir.«

»Wozu auch?« entgegnete ich unmutig. »Sie ist so verwöhnt und denkt nur an sich. Sie jammert bloß immer und fragt, warum ich nicht jeden Tag komme. Sie kann doch nicht von mir verlangen, daß ich immer nur bei ihr sitze!«

Janet schwieg. Dann seufzte sie und meinte:

»Es muß gräßlich sein, nie herumtollen zu können. Weißt du, Eliane, manchmal denke ich, wenn wir ihr nur etwas von Jesus sagen könnten. Sie wäre dann viel weniger traurig. Papa hat schon oft mit Frau Thomas geredet, aber sie kommt nie zur Kirche, und Barbara betet nie und liest nie in der Bibel. Einmal hat Frau Thomas gesagt, wenn es wirklich einen Gott gebe, dann verstehe sie nicht, warum Barbara ein Krüppel geworden sei - und man solle sie mit der Religion in Ruhe lassen. Ich hab' gehört, wie Papa es Mama erzählt hat. Aber sag nichts, ich hätte nicht zuhören sollen!«

Mir war nicht recht wohl in meiner Haut. Genau dasselbe hatte ich nämlich auch schon gedacht. Aber ich wußte nur zu gut: Es hatte keinen Zweck, mit Barbara von Jesus zu reden, solange ich ungeduldig wurde, mich mit ihr stritt und sie nicht besuchen mochte. Ich erinnerte mich an die Worte, die Janet mir an dem

Abend gesagt hatte, als ich ein Christ geworden war: »Papa hat behauptet, es hätte keinen Zweck gehabt, wenn wir es dir gesagt hätten ... weil wir so selbstsüchtig waren.«

Nun, ich mußte mir das alles in Ruhe überlegen, aber nicht gerade jetzt, denn eben kamen wir zu Hause an, und ich war hungrig. Ich stürmte ins Eßzimmer, wo der Tisch gedeckt war, aß drei dicke Butterbrote mit Marmelade und trank vier Tassen Tee. Frau Morton lachte und meinte:

»Eliane, wir müssen dich einmal wiegen. Du hast in den Osterferien bestimmt pfundweise zugenommen, und ich fürchte, deine Mutter wird dich nicht wiedererkennen. Das Leben auf dem Land sagt dir zu. Du solltest immer bei uns bleiben.«

Ich strahlte sie an und tänzelte zur Tür hinaus - unter den schneeweißen Maiblütenbäumen hindurch, die lange Abendschatten über die Felder warfen, und den Hügel hinauf, wo die Gänseblümchen und Butterblumen eben ihre Kelche schlossen. Ich tanzte auf dem ganzen Weg, denn ich fühlte mich wunderbar stark und lebensfroh. Ja, Frau Morton hatte recht: Es gefiel mir auf dem Lande, und ich wünschte, nie wieder nach London zurückkehren zu müssen. Freilich, meine Mutter wollte ich gern gelegentlich wiedersehen. Aber sie sollte hierherkommen, um mich zu besuchen - in dieses maifrohe Land voller Licht, Farben und Gesang.

Warm und atemlos erreichte ich Barbaras Haus, wo ich beim Anblick ihres blassen, unfreundlichen Gesichts mit einem Ruck in eine andere Welt versetzt wurde. Ein Teller mit feinem Kuchen stand unberührt neben ihr. Ich setzte mich so, daß ich ihn nicht sehen konnte, denn bei seinem Anblick lief mir das Wasser im Mund zusammen.

»Warum bist du gestern nicht gekommen?« hieß es wie üblich. »Ich habe den ganzen Abend auf dich gewartet.«

»Zu viele Aufgaben«, erwiderte ich kurz. »Heute kann ich auch nicht lange bleiben. Wir sind erst um halb fünf aus der Schule heimgekommen, weil wir Spiele gemacht haben. Denk dir, wir haben jetzt mit Tennisspielen angefangen. Das ist ein Spaß!«

»Ich wollte, ich könnte Tennis spielen oder auch nur zur Schule gehen! Es ist schrecklich langweilig, immer allein zu lernen. Ich hab's heute versucht, aber es macht mir keinen Spaß. Sag mir, was du für Fächer hast, Eliane. Ob du wohl die gleichen hast wie ich?«

Diesmal schien sie gewillt, mir zuzuhören, anstatt nur zu jammern. Ich plauderte deshalb eine ganze Weile fröhlich drauflos. Wir unterhielten uns viel besser als sonst, und ich fragte mich, ob ich ihr vielleicht etwas von Jesus und der Bibel sagen dürfe. Als ich einen Augenblick innehielt, um zu überlegen, wie ich anfangen könnte, fragte sie:

»Welche Stunden hast du am liebsten?«

»Nun, eigentlich habe ich sie alle gern«, erwiderte ich zögernd. »Was ich aber am liebsten habe, ist nicht eine Schulstunde. Es ist eine Art Stunde, die Janet und ich vor dem Frühstück miteinander halten. Wir lesen die Bibel und wählen einen Tagesvers aus; den schreiben wir auf, und er hilft uns tagsüber. Liest du auch manchmal in der Bibel, Barbara?«

Sie schüttelte den Kopf und musterte mich mit einem eigenartigen Blick.

»Frau Morton hat mir einmal so etwas gesagt und mir ein Buch mit biblischen Geschichten gegeben. Aber meine Mutter sagt, die richtige Bibel passe nicht für Kinder, und wenn wir in der Schule während der Religionsstunde darin lasen, fand ich sie schauderhaft langweilig. Liest du wirklich gern darin, Eliane?«

Ich nickte.

»Früher ging es mir auch so, und meine Mutter hat mir auch nie etwas davon gesagt. Ich habe gemeint, es sei einfach ein großes, schwarzes, trübseliges Buch voll von langen, unverständlichen Wörtern - bis, ja bis ich ins Pfarrhaus gekommen bin. Da ist dann eines Tages etwas passiert.«

»Was?« fragte Barbara und schaute mich mit großen, ernsten Augen an. Ich wußte nicht recht, wie ich es ihr erklären sollte, und sagte langsam:

»Nun, ich habe etwas sehr Böses getan, und dann bin ich so unglücklich gewesen und habe solche Angst gehabt, daß ich weit weg in einen Wald gelaufen bin. Aber der Pfarrer hat mich gesucht, und wir sind eine Ewigkeit im Wald geblieben. Und da hat er mir versichert, wenn ich dem Herrn Jesus alles Böse von mir sage, werde er mir vergeben und mich reinwaschen, und nachher gehöre ich immer zu ihm.«

»Und was ist weiter passiert?«

»Ich - ich hab's so gemacht, und jetzt gehöre ich ihm.«

»Und was für einen Unterschied macht das aus?« fragte Barbara. In den blauen Augen schien mir ein beinahe spöttischer Ausdruck zu liegen, den ich nicht recht zu deuten wußte. Zögernd antwortete ich:

»Ich bin seither viel glücklicher. Begreifst du, Jesus angehören, das ist, wie wenn man einen Freund hat, dem man alles sagen kann. Ich bin nicht mehr so furchtsam und so traurig wie früher. Man bekommt einfach ein Gefühl der Sicherheit. In der Bibel sagt Jesus einem jeden Tag, was man tun soll, und wenn man's tut, bleibt man nahe bei ihm und ist immer glücklich.«

»Was sonst?« fuhr Barbara fort. »Ist das alles?«

»Das ist doch schon viel«, gab ich leicht verstimmt zurück. »Aber natürlich kommt noch mehr dazu. Jesus lehrt uns, gut zu sein.«

»Bist du denn gut?«

»Besser als früher«, entgegnete ich und fühlte mich immer unbehaglicher. »Ich werde nie mehr so böse wie früher. Da wurde ich in einem fort zornig und war schlechter Laune, aber jetzt nicht mehr - wenigstens nicht so oft.«

»Ach so«, sagte Barbara in einem Ton, der mir gar nicht gefiel. Es trat eine ungemütliche Pause ein. Ich schaute zur Uhr und sprang erleichtert auf.

»Ich muß sausen! Wie soll ich nur mit den Aufgaben fertig werden? Soll ich dir das nächste Mal meine Bibel mitbringen? Dann kannst du selber sehen, was drin steht.«

»Gut«, sagte Barbara kühl, »wenn du willst. Ich erwarte dich übermorgen, Samstag, zum Tee. Wirst du kommen, Eliane? Auf Ehrenwort?«

Ich war bereits halb vor der Tür und rief unüberlegt:

»Abgemacht! Ich kann bestimmt kommen. Ich werde mein möglichstes tun.«

»Nein, nein«, rief Barbara. »Du mußt es versprechen. Es ist für etwas Besonderes. Nicht wahr, du kommst?!«

»Ja, gut!« gab ich ungeduldig zurück. Barbara behauptete allzuoft, eine Sache sei »etwas Besonderes«, wenn ich wahrhaftig nichts Besonderes daran entdecken konnte. »Ich habe versprochen, ich komme, also komme ich!«

Ich rannte den Abhang hinunter. Ohne daß ich es wollte, tönten mir Barbaras Fragen in den Ohren nach: »Was für einen Unterschied macht das aus? Bist du gut?«

Daß ich glücklicher war, stand außer Frage. Aber war ich auch netter? Oder waren bloß Peter und Janet netter zu mir? Wie war ich selbstsüchtigen, verwöhnten Leuten gegenüber? Wie schwachen, kranken Leuten? War ich da wirklich geduldig und freundlich? Und warum hatte Barbara mich so seltsam angeschaut?

Ich vergaß meine Hausaufgaben und verlangsamte meine Schritte. Gedankenverloren kaute ich an einem Grashalm. Als ich bei unserem Gartentor ankam, war die Sonne bereits untergegangen. Die weiche Bläue der Dämmerung lag über dem Land.

Als wir an jenem Abend noch in den Nachthemden auf meinem Bett kauerten und plauderten, fragte ich Janet:

»Weißt du noch, was dein Vater euch an jenem Abend, als ich davongelaufen war, in der Bibel gezeigt hat? Es hatte mit hungrigen und kranken Leuten zu tun.«

»Ja«, erwiderte Janet, »ich habe es rot unterstrichen. Es steht im Matthäus-Evangelium. Da ist es: Kapitel 25.«

Sie las mir die Stelle langsam, andächtig vor, und ich hörte aufmerksam zu. Einzelne Worte blieben mir im Gedächtnis haften: »Ich war krank . . . und ihr habt mich nicht besucht . . . Was ihr einem dieser Geringsten nicht getan habt, das habt ihr auch mir nicht getan.«

Der Samstag war ein prächtiger Tag. Wir saßen beim Mittagessen, als Janet plötzlich fragte:

»Könnten wir nicht ein Picknick mitnehmen und im Fluß baden gehen?«

Ein Freudengeheul begrüßte diesen Vorschlag. Wir waren dieses Jahr noch nie baden gegangen, und Frau Morton warf einen leicht besorgten Blick durchs Fenster. Doch der goldene Sonnenschein beruhigte sie, und sobald sie zu Wort kommen konnte, erklärte sie sich einverstanden.

»Komm doch mit uns, Papa«, bettelte Johnny und kletterte seinem Vater auf die Knie. »Du hast versprochen, du würdest mich schwimmen lehren!«

Die Kinder bestürmten ihn einmütig, denn seine Gesellschaft bedeutete ihnen ein seltenes Fest. Aber er schüttelte betrübt den Kopf und seufzte:

»Ich muß mich in meinen besten schwarzen Anzug stürzen und ein junges Paar trauen.«

Ein sehnsüchtiger Blick streifte die Blumenwiesen und das glitzernde Meer in der Ferne. »Wie kann man auch an solch einem Nachmittag heiraten, statt im Fluß zu plantschen!«

»Macht nichts, Vater«, tröstete Peter, »dafür bekommst du einen erstklassigen Tee.«

»Ich würde lieber im Freien mit euch Rosinenkuchen essen. Aber wartet nur, den nächsten Samstag halte ich mir frei und fahre euch alle ans Meer: Mutter, Kinder, Kinderwagen, Hund und alles übrige! Fragt mich nur nicht wie! Wahrscheinlich müssen wir uns den Feuerwehrwagen borgen.«

Er schüttelte die Kinder ab. Wir liefen in alle Richtungen auseinander, um das Nötige zusammenzusuchen: Angelruten, Butterbrote, Limonade und Frottiertücher. Dann standen wir erwartungsvoll um Frau Morton herum, denn sie packte die Badeanzüge aus einem Koffer, in dem sie den ganzen Winter zwischen Zeitungen und Mottenkugeln gelegen hatten. Unsere Vorfreude erhielt einen Dämpfer durch Robert, der eben erfahren hatte, daß er nicht mitkommen durfte, und nun mit hochrotem Kopf mitten im Zimmer stand und brüllte wie ein Stier. Aber seine Beine waren noch zu kurz für den weiten Weg, und außerdem fürchtete die Mutter, er könnte ertrinken. Sie war sogar etwas besorgt um Rosmarie und sagte unsicher:

»Meinst du nicht, Rosmarie . . .«

»Nein, Mama, wirklich nicht«, fiel ihr Rosmarie ins Wort und wurde steif vor Aufregung. Peter, Janet und ich ergriffen schleunigst Partei für sie und verlegten uns so lange aufs Bitten, bis Frau Morton nachgab.

»Wir werden sooo gut auf sie achtgeben«, versprach Peter. »Und überhaupt, der Fluß ist ja seicht. Wir könnten sie nicht ertrinken lassen, auch wenn wir wollten.«

»Und wir wollen es gar nicht«, versicherte Johnny.

»Ja, ich weiß«, erwiderte Frau Morton, »aber ihr müßt bedenken: Sie ist noch klein. Trockne sie gut ab, Janet, und sitzt nicht in nassen Badeanzügen herum. Und du, Eliane, bleib nicht zu lange im Wasser, und vergeßt nicht . . .«

»Nein. Mama . . . ja, Mama . . . wir werden nichts vergessen, wir versprechen es dir!«

So riefen wir alle durcheinander, küßten sie alle auf einmal und stürmten ins Freie. Sie stand auf der Schwelle und rief uns letzte Ermahnungen nach, die aber in Roberts Gebrüll untergingen.

Unter großen schattenspendenden Bäumen, die ihre alten, knorrigen Wurzeln über den Weg streckten und ihn für Kinderwagen und Fahrräder unbefahrbar machten, stiegen wir den Abhang hinan. Auf der Höhe des Höhenzugs überblickten wir eine weite Landschaft, in Sonnenschein gebadet, wogende Hügel und tiefe Täler, mit weißen Punkten übersät: Bauernhöfe inmitten saftig grüner Schafweiden. Die oberen Hänge waren mit frischem Farnkraut bewachsen. Auf den Küstenstrecken lag helles Licht. Nie zuvor hatte ich soviel Grün beieinander gesehen. Die Brise, die in unsere Haare fuhr, trug uns den Duft blühenden Weißdorns zu. Was Wunder, daß wir alle außer Rand und Band gerieten, einander stießen und pufften und über nichts und wieder nichts lachten, bis wir nicht mehr aufhören konnten!

Inzwischen waren wir dort angelangt, wo der Pfad steil zum Fluß abfällt. Schon konnten wir das goldbraune Wasser voller Sonnenflecken zwischen den Weiden durchschimmern sehen. Da fiel mir plötzlich etwas ein! Ich blieb wie angewurzelt stehen und starrte fassungslos auf den lockenden Fußweg, der sich zwischen späten Sternhyazinthen, Lichtnelken und Sumpfdotterblumen hindurchwand. Ich hörte, wie der Fluß über die Steine plätscherte und mir entgegenlachte.

»Was in aller Welt . . .?« begann Janet, die sich nach mir umwandte, um zu sehen, weshalb ich stehenblieb. »Hast du eine Fliege verschluckt?«

»Es ist mir soeben eingefallen«, sagte ich langsam, »daß ich versprochen habe, zu Barbara zum Tee zu gehen.«

Gedankenschweres Schweigen. Dann meinte Janet:

»Da ist es wohl gescheiter, du kehrst um. Oder . . . wenn du es unbedingt möchtest . . . könnte ich ja gehen. Ich meine, wenn es ein Versprechen ist, sollte es doch irgend jemand halten!«

»Los, kommt schon, ihr Mädchen!« rief Peter. Er stand am Wasser und hatte bereits seine Badehose an. Johnny und Rosmarie, die bis zu den Knien im Wiesenschaumkraut versanken, mühten sich mit ihren Knöpfen ab.

Ich überlegte heftig. Jawohl, ich hatte versprochen, ich würde kommen und meine Bibel mitbringen. Wenn ich wegbliebe, würde Barbara niemals glauben, daß die Bibel irgend jemand anders machen kann. Der einladende Pfad zu meinen Füßen erinnerte mich an meinen besonderes Vers: »Du zeigst mir den Weg des Lebens . . . bei dir ist Freude die Fülle.« Da wußte ich mit aller Deutlichkeit, welchen Weg ER mir an diesem Nachmittag zeigte: nicht den, der zum kühlen, rieselnden Wasser führte, sondern den, der zurück über das Hochland zu Barbara führte, den Weg, auf dem ich meine eigenen Wünsche zurückstellte, Liebe bewies und Versprechungen hielt. Da würde ich IHM begegnen. »Ich bin krank gewesen, und ihr habt mich besucht.«

Ich tat einen tiefen Atemzug und machte rechtsum kehrt.

»Ich gehe lieber«, sagte ich, »leb wohl, viel Vergnügen!«

»Leb wohl«, erwiderte Janet, und ich spürte ihr die Erleichterung an. »Wir kommen ein andermal wieder hierher. Du wirst sehen, es gibt noch massenhaft Gelegenheiten zum Baden!« Sie eilte davon und begann schon im Laufen, ihr Kleid abzustreifen.

Der Heimweg kam mir lang und sehr heiß vor. Ich gab mir alle Mühe, nicht an die andern zu denken, die sich jetzt im Wasser tummelten. Und doch war ich längst nicht so unglücklich, wie ich erwartet hatte. Ich glaube, es war das allererste Mal in meinem Leben, daß ich um eines anderen Menschen willen ein Opfer brachte. Es gab mir ein seltsames, fast frohes Gefühl. Endlich kam ich zu Hause an. Ich war froh, unbemerkt meine Bibel holen zu können. Als ich bei Barbara anlangte, war es bereits halb fünf vorbei. Frau Thomas stand an der Gartenpforte und schien nach mir Ausschau zu halten. Sobald sie mich erblickte, rief sie:

»O Eliane, wie froh bin ich, daß du kommst! Barbara hat nämlich heute Geburtstag. Ich wollte eigentlich eine Einladung machen, aber sie wollte nur dich allein haben. Und sie behauptet, du habest ihr versprochen zu kommen. Nun hat sie solche Angst, du habest es vergessen.«

Sie führte mich in den Garten, wo Barbara in einem Liegestuhl beim Steingärtchen lag. Neben ihr stand ein Tisch mit Teegeschirr und einem großartigen Kuchen mit Zuckerguß, in dem zehn Kerzen steckten. Sie sah in ihrem neuen blauen Sommerkleid sehr hübsch aus. Ich aber war ganz beschämt, denn ich kam erhitzt, in zerknitterten Kleidern und alten, schmutzigen Schuhen an.

»Wo bist du gewesen?« fragte Barbara. »Ich habe schon gedacht, du hättest mich vergessen. Du hast nicht gewußt, daß ich Geburtstag habe, nicht wahr?«

»Nein, sonst hätte ich dir ein Geschenk mitgebracht. Ich gratuliere dir herzlich, Barbara. Es tut mit leid, daß ich so spät komme, aber die andern sind baden gegangen. Ich habe sie ein Stück weit begleitet und bin dann allein zurückgekommen.«

»Oh«, sagte Barbara und hatte wieder jenen merkwürdig prüfenden Blick, »warum hast du das getan? Hast du vergessen, daß du zu mir kommen wolltest?«

»Zuerst ja«, erwiderte ich wahrheitsgemäß. »Weißt du, beim Mittagessen hat auf einmal alles nur noch vom Baden geredet, und wir sind alle ziemlich aufgeregt gewesen. Aber sobald ich wieder daran gedacht habe, bin ich zurückgekommen.«

»Ach so. Ja, badest du denn gern?«

»Und wie! Aber das macht nichts. Nächste Woche will Herr Morton uns ans Meer fahren. Dort dürfen wir nicht allein baden. Bloß im Fluß dürfen wir, weil er nicht tief ist. Sogar Rosmarie ist mitgegangen.«

Hier wurden wir von Frau Thomas unterbrochen, die mit der Teekanne kam. Nun hatten wir ein sehr vergnügtes Teefest. Der Garten stand jetzt voller Blumen. Die ersten Bienen summten in den Lavendelbüschen. Frau Thomas erzählte uns lustige Geschichten, und ich stopfte soviel belegte Brote und Gebäck in mich hinein, wie ich nur irgend konnte. Dann zündeten wir die Kerzen an, und Barbara schnitt den Geburtstagskuchen an.

Als sogar ich nicht mehr weiteressen konnte, erhob sich Frau Thomas, um das Tablett ins Haus zu tragen, und sagte:

»Ich wasche jetzt das Geschirr ab und lasse euch beide allein. Möchtest du Eliane deine Geschenke zeigen, Barbara?«

»Später«, entgegnete Barbara. »Wir bleiben noch ein Weilchen draußen, weil wir ein Geheimnis haben.«

Sie wartete, bis ihre Mutter verschwunden war, dann wandte sie sich mir lebhaft zu und fragte:

»Hast du deine Bibel mitgebracht, Eliane?«

Ich war überrascht über dieses plötzliche Interesse und sagte:

»Ja, sie liegt hier unter meinem Stuhl. Ich will sie dir zeigen.«

»Weißt du, ich habe nachgedacht. Du hast gesagt, wenn man Jesus kenne, mache das einen gut. Ich glaube dir jetzt, weil du heute gekommen bist, wo du doch so gern baden wolltest. Wenn du nicht gekommen wärst, hätte ich mir gesagt, es sei alles nur Angeberei. Und du hast gesagt, man habe einen Freund, dem man alles sagen könne. Da habe ich mich gefragt: Würde mich Jesus wohl gesundmachen, wenn ich anfinge, die Bibel zu lesen und zu beten?«

Ich überlegte und sagte dann:

»Er *könnte* es machen. Er hat das unzählige Male getan. Er hat beständig Leute gesundgemacht. Janet und ich lesen jetzt morgens im Markusevangelium. Da stehen lauter Geschichten von Leuten, die krank gewesen und gesund geworden sind.«

»Lies mir eine vor!« befahl Barbara.

»Ich will dir vorlesen, was ich heute morgen gelesen habe. Es handelt sich um einen Mann, der überhaupt nicht gehen konnte. Da hat man ihn durch ein Dach herabgelassen. Zuerst hat Jesus zu ihm gesagt: ›Deine Sünden sind dir vergeben‹, und nachher hat er gemacht, daß der Mann gehen konnte. Da, ich hab's« - und ich las ihr die Geschichte vom Gelähmten in Markus, Kapitel 2, vor. Sie hörte gespannt zu. Als ich zu Ende war, sagte ich nachdenklich:

»In der Erklärung zu dieser Geschichte stand, daß das Wichtigste die Sündenvergebung sei. Nachher könne man anfangen, um andere Dinge zu bitten.«

Barbara runzelte die Stirn.

»Ich glaube nicht, daß ich eine große Menge Sünden habe. Wie könnte ich auch, wo ich doch immer stilliegen muß. Ich könnte nicht richtig böse sein, sogar wenn ich es wollte.«

»Du kannst aber recht gereizt sein«, erwiderte ich freimütig, »und du murrst ziemlich viel. Ich glaube, das zählt auch zu den Sünden. Ich bin auch oft schrecklich schlechter Laune gewesen, bevor ich den Herrn Jesus liebgewonnen habe.«

»Du bist's jetzt noch manchmal. Macht nichts, heute wollen wir uns nicht streiten. Sag mir, wie einem die Sünden vergeben werden!«

»Du mußt einfach darum bitten und glauben, daß Jesus für dich gestorben ist. Das ist alles, glaub ich.«

Barbara schüttelte den Kopf.

»So einfach kann es nicht sein. Aber wir wollen uns nicht um die Sünden kümmern. Wir wollen Jesus einfach bitten, daß er mich gehen macht. Weißt du wie, Eliane?«

Mir wurde bang.

»Ich glaube nicht, daß das so geht, Barbara. Ich bin ganz sicher, daß du zuerst Jesus gehören mußt. Laß mich Frau Morton fragen, dann gebe ich dir das nächste Mal die Antwort.«

»Gut, frage sie. Ich glaube, du weißt selbst nicht allzuviel darüber, Eliane. Und jetzt komm, ich will dir meine Geschenke zeigen!«

Ich geleitete sie ins Haus und bewunderte ihre prächtigen Geschenke. Dann verabschiedete ich mich mit vielem Dank von Frau Thomas und trottete nach Hause. Zu meiner Überraschung waren die andern noch nicht heimgekehrt. Anne war im Bett und Robert beim Sandhaufen. So bot sich mir die seltene Gelegenheit, Frau Morton für mich allein zu haben. Sie stand in der Küche und bügelte die Sonntagskleider auf. Ich setzte mich auf die Tischkante, baumelte mit den Beinen und begann:

»Tante, ich muß dich etwas sehr Wichtiges fragen. Kann man um Dinge bitten, bevor einem die Sünden vergeben sind?«

Sie schaute erschreckt auf.

»Bist du allein heimgekommen, Eliane? Wo sind die andern?«

Ich erklärte ihr kurz, was sich zugetragen hatte, und fuhr fort:

»Barbara will es wissen. Sie will, daß ich für sie bete, damit sie gesund wird. Aber mit der Sündenvergebung soll ich sie in Ruhe lassen. Sie behauptet, sie habe nicht viele Sünden.«

Frau Morton stellte das Bügeleisen ab und widmete mir ihre volle Aufmerksamkeit. Ich erfuhr später, daß sie jeden Tag für Barbara und ihre Mutter betete.

»Die Bibel sagt uns, daß Gott so heilig und rein ist, daß wir nicht zu ihm kommen können, bevor wir durch den Herrn Jesus Vergebung empfangen haben und rein geworden sind. Aber natürlich kann niemand aufrichtig um Vergebung bitten, bevor er einsieht, daß er sie wirklich braucht. Ich glaube . . .«

Ich erfuhr nicht, was Frau Morton glaubte, denn zu meiner nicht geringen Enttäuschung wurde in diesem Augenblick die Tür aufgerissen, und die Kinder stürmten in die Küche - unordentlich und mit lautem Geschrei, nasses Badezeug und Blumen schwingend und begleitet von einem nassen, dreckigen Nero, der an uns hochspringen wollte. Die friedliche Stimmung war verflogen.

»Mama«, verkündete Peter, »am Fluß waren Pfadfinder mit Zelten. Bitte, Mama, können wir auch zelten gehen?«

Die Mutter blinzelte, wie immer, wenn sie allzu unvermittelt von einer Sache zur andern gezerrt wurde.

»Warum nicht, Peter?« meinte sie. »Das wäre bestimmt wunderbar. Aber doch nicht schon heute abend?«

»Nein, Mama, nicht heute abend«, erwiderte Peter in jenem geduldigen Ton, den er sonst anschlug, wenn er Robert etwas erklärte. »Wir würden *Wochen* brauchen, um uns vorzubereiten. Wir müßten Vorräte haben und einen Kompaß - und eine Landkarte - und zwei Zelte - und eine Zeltplane für den Boden - und Schlafsäcke. Ich denke an die Sommerferien. Du hast gesagt, es koste zu viel, alle miteinander in die Ferien zu gehen. Aber Zelten würde überhaupt nichts kosten. Wir würden in die Berge fahren, wir Großen mit den Rädern, du und die Kleinen und das Gepäck mit dem Überlandbus. Wir würden während Papas Ferien gehen, und er könnte uns auf den Snowdon führen.«

»Wer führt mich auf den Snowdon?« fragte der Pfarrer, der soeben eintrat. Er ließ sich müde auf einen Stuhl sinken und streckte Rosmarie die Arme entgegen, welche freudig auf seinen Schoß sprang.

»Mama sagt, wir dürfen diesen Sommer in den Bergen kampieren«, erklärte Peter eifrig. »Und du hast doch versprochen, du wolltest uns dieses Jahr klettern lehren, nicht?«

»Ja, das stimmt«, gab der Vater zu und wurde auf einmal so lebhaft wie Peter. »Ich habe jahrelang gewartet, bis ihr endlich alt genug werdet, um auf richtige Berge zu klettern. Schon letztes Jahr hätte ich euch mitgenommen, wenn nicht die Windpocken alles verdorben hätten. Um so schöner wird's diesmal sein, weil ja auch Eliane dabei sein wird. Wir müssen in einem Bauernhaus eine Unterkunft finden für Mama und die Kleinen und zwei Zelte auftreiben: eines für mich, Peter und Johnny und eines für die Mädchen.

»Ich auch im Zelt«, flüsterte Rosmarie, »o bitte sag, daß ich auch im Zelt schlafen darf!«

»Selbstverständlich«, war die Antwort. »Ich schlafe doch nicht draußen in der Wildnis ohne Rosmarie, die mich behütet!«

Er drückte das seidige Köpfchen an sich, und so saßen sie eine

Weile still und genossen einer des andern Nähe. Es gab keine Bevorzugten in der Familie, aber manchmal dachte ich mir doch, die scheue, verträumte kleine Rosmarie besitze ein Eckchen im Herzen ihres Vaters, das sie mit niemandem zu teilen brauche.

Es lag mir so sehr am Herzen, unser Gespräch zu Ende zu führen, daß ich an jenem Abend gleich nach dem Lichterlöschen aus dem Bett stieg und im Nachthemd leise zu Frau Morton hinunterging. Sie saß allein im Wohnzimmer und flickte, denn Pfarrer Morton arbeitete an seiner Sonntagspredigt. Ich ließ mich auf dem Teppich zu ihren Füßen nieder, lehnte den Kopf an ihre Knie und fing dort an, wo wir unterbrochen worden waren.

»Ist es nicht komisch, daß Barbara meint, sie habe keine Sünden? Im Grunde ist sie doch abscheulich selbstsüchtig und unfreundlich. Könntest du ihr das nicht einmal klarmachen, Tante?«

Sie schwieg einen Augenblick. Dann sagte sie, anstelle einer Antwort:

»Ich will dir eine Geschichte erzählen. Versuche herauszufinden, was sie bedeutet!«

Ich drehte mich um, damit ich ihr ins Gesicht sehen konnte, und während ihre Nadel emsig hin und her fuhr, um ein großes Loch zu stopfen, begann sie:

»Es war einmal eine alte Frau, die in einem kleinen Dorf in den Bergen lebte. An einem Wintertag ging sie in die Stadt hinunter und kaufte ein wunderbares Waschmittel, von dem auf vielen Plakaten gerühmt wurde, es wasche ›weißer‹. Am Montag wusch sie ihre Wäsche und hängte sie im Garten auf, und sie war tatsächlich weißer als die Wäsche ihrer Nachbarinnen. Die Frau war darüber so erfreut, daß sie die Wäsche hängen ließ, damit jedermann sie bewundern konnte.

Aber am Dienstagnachmittag wurde es bitter kalt, und sie dachte: ›Ich muß meine Wäsche vor der Nacht hereinnehmen.‹ Sie ging hinaus und - schlug bald vor Entsetzen die Hände über dem Kopf zusammen. ›Wer hat etwas an meiner Wäsche gemacht?‹ rief sie. ›Sie ist gar nicht mehr richtig weiß, beinahe grau ist sie!‹

Niemand hatte jedoch ihre Wäsche angerührt, und bald merkte sie, was geschehen war: Während sie im Haus beschäftigt war, hatte es auf den Bergen geschneit, und gegen jenes blitzende Weiß nahm sich sogar ihr wunderbares Weiß gräulich aus. Sie hatte Gottes Weiß gesehen, das war der ganze Unterschied.«

Lächelnd schaute Frau Morton auf mich nieder. Aber ich runzelte verwirrt die Stirn; ich begriff nicht recht, was sie meinte.

»Schau«, fuhr sie fort, »gar viele Menschen gleichen dieser alten Frau. Sie blicken auf ihre Nachbarn und finden: ›Ich bin kein Sünder; ich bin anständiger als der oder die; ich stehle nicht wie der da; ich denke viel weniger an mich selbst als die dort.‹ Sie vergessen ganz, daß Gott nie von ihnen verlangt hat, sich mit andern zu vergleichen. Er sagt: ›Ihr sollt vollkommen sein, so wie euer Vater im Himmel vollkommen ist.‹ Und er sandte Jesus, um uns zu zeigen, wie vollkommen und heilig er ist. Denn Jesus ist so wie er, und wenn wir in der Bibel auf Jesus schauen, sehen wir Gottes vollkommene, strahlende Reinheit, seine vollkommene Güte, Liebe und Kraft. Und je mehr wir dahin schauen, desto öfter rufen wir aus: ›So bin ich nicht!‹ Es geht uns wie der alten Frau: Was wir an uns für weiß halten, wird grau, wenn wir es mit Gottes Reinheit vergleichen. Und so ging es auch Petrus. Er meinte, er sei ein hochanständiger Mensch - bis Jesus zu ihm ins Boot trat. Dann aber rief er aus: ›Geh hinaus von mir, Herr, denn ich bin ein sündiger Mensch!‹«

»Ich sehe«, sagte ich nachdenklich, »ich muß Barbara noch mehr von Jesus erzählen. Wenn sie dann merkt, wie er ist, wird sie auch merken, wie sie ist. Solange aber wird sie ihn nicht bitten dürfen, sie gesund zu machen.«

Frau Morton schüttelte lächelnd den Kopf.

»Eine Menge Leute kamen zu Jesus, die an nichts anderes dachten, als gesund zu werden. Der Aussätzige dachte sicher nur an seine Wunden, und die kleinen Kinder wußten überhaupt nicht, weshalb sie zu Jesus kamen. Aber er tadelte die Jünger, die sie wegschicken wollten. Er war so lieb und barmherzig, daß er immer nur rief: ›Kommt her!‹ Nie wies er jemanden ab. Er gab ihnen sogar mehr, als sie gebeten hatten. Er ließ sie sein Antlitz sehen und seine Stimme hören, bis sie merkten, daß das wunderbarer war, als geheilt zu werden. Laß du Barbara ruhig beten, wie sie will. Wenn sie nur betet. Der Herr Jesus wird ihr schon selbst zeigen, wie sehr sie Vergebung nötig hat. Und er wird sie zu Gott führen. Du aber hast dreierlei zu tun.«

»Was denn?«

»Erstens: Bete für sie. Wir wollen es alle mit dir tun. Zweitens: Nimm dir Zeit, regelmäßig mit ihr in der Bibel zu lesen, und halte dich an deine Abmachungen. Und drittens: Laß sie in dir selbst die Liebe, Fürsorge und Geduld Jesu sehen. Wenn er wirklich in deinem Herzen lebt, wird sie ihn auch in dir erblicken können, nicht nur in der Bibel. Bete darum täglich von Herzen, daß Jesus in dir bleibt.«

Ich sann schweigend über diese Worte nach, als der Pfarrer eintrat. Wir erzählten ihm, wovon wir gesprochen hatten. Er nahm warmen Anteil und fragte, ob Barbara eine Bibel besitze.

»Nein«, antwortete ich, »aber ich könnte ihr eine zum Geburtstag kaufen. Was würde das kosten? Ich habe noch 7 Mark.«

»Eine schöne Bibel kostet mehr, aber Janet würde wohl auch gern etwas dazu beitragen. Erzähle ihr am Morgen davon. Ihr könntet dann zusammen zur Stadt fahren und eine kaufen.«

Überglücklich ging ich zu Bett und konnte mit knapper Not der Versuchung widerstehen, Janet zu wecken und ihr auf der Stelle alles zu berichten. Aber im Grunde war ich doch unerhört schläfrig, und ich mußte eingeschlafen sein, noch ehe ich den Kopf recht aufs Kissen gelegt hatte, denn das nächste, woran ich mich erinnerte, war, daß Janet mich in die Rippen stieß, um mich zu wecken, und daß das Zimmer schon voller Sonnenschein war. Janet war begeistert von meinem Plan und versprach, all ihr Geld bis zum letzten Fünfer beizusteuern. Aber sie besaß nur 2,35 Mark. Sie war eben äußerst freigebig und machte fortwährend Geschenke.

Wir hatten unser gesamtes Vermögen auf dem Tisch ausgebreitet, um es genau nachzuzählen, als Peter eintrat und sogleich argwöhnisch fragte:

»Was führt denn ihr im Schild mit all dem Geld? Vergeßt nicht, wir müssen fürs Zelten sparen! Ich will versuchen, für eine

Landkarte und einen Kompaß aufzukommen, aber ihr müßt andere Sachen beisteuern.«

»Es ist aber für Barbaras Bibel!« erklärte Janet. »Ich glaube, das ist noch wichtiger als Zelten. Eliane hat nämlich angefangen, mit ihr zu reden, und Papa will für sie das Bibellesebund-Heft abonnieren.«

»Aha«, murmelte Peter und kratzte sich hinter den Ohren. In gewisser Beziehung war er ein sehr zurückhaltender Bursche, der seine innersten Gedanken nie preisgab. Aber ich wußte, daß er die Bibel ebenso treu las wie Janet. Plötzlich sagte er ziemlich geringschätzig:

»Du liebe Zeit, viel scheint ihr ja da nicht zu haben!«
Sprach's und verließ das Zimmer.

»O weh!« jammerte Janet, die ihren Bruder heiß bewunderte. »Ich fürchte, er ist böse. Es ist ja auch wahr, wir haben versprochen, für den Sommer zu sparen. Aber ich finde, das hat noch Zeit. Wir haben noch das ganze Taschengeld für zwei Monate in Sicht, und wir können doch sonst noch etwas verdienen.«

Da ging die Tür auf, Peter trat ins Zimmer und warf fünf Mark auf den Tisch.

»Gebt ihr nur eine rechte, wenn ihr schon daran seid!« sagte er rauh. »Und wenn ihr sie kaufen geht, komme ich mit.« Und bevor wir »danke« sagen konnten, fiel die Tür schon wieder hinter ihm ins Schloß.

Am nächsten Tag schwangen wir uns auf unsere Fahrräder, denn die nächste Stadt war 10 km entfernt. Wir mieden die belebten Hauptstraßen und wählten kleinere Straßen, die über freies Feld führten. Es war Samstag vor Pfingsten, das Wetter war strahlend schön, und die Stadt würde von festtäglich gestimmten Menschen überfüllt sein.

Es war noch schlimmer, als wir es uns vorgestellt hatten. Wir hatten Schwierigkeiten, beieinander zu bleiben. Wir stellten unsere Räder ein und kämpften uns durch die Menschenmenge vor einem Warenhaus hindurch. Auf der Straße stockte der Verkehr, und die Verkehrspolizisten, erhitzt und verdrossen, versuchten Ordnung zu schaffen.

»Da sind wir!« rief Peter atemlos, indem er sich an zwei dicken Frauen mit Eiscrème-Tüten in den Händen vorbeiquetschte und die Bahn für uns freizuhalten suchte.

In der Buchhandlung war es still. Wir steuerten sogleich auf den Tisch zu, auf dem Bibeln lagen. Eine nette junge Verkäuferin fragte, welche wir wünschten, und Peter entgegnete großartig:

»Wir möchten sie uns alle der Reihe nach ansehen, vorausgesetzt, daß sie nicht mehr als 14,35 Mark kosten. Das ist unsere oberste Grenze.«

Das Mädchen lächelte und wartete geduldig, während wir zehn Minuten lang schauten, prüften, diskutierten und die Meinungen austauschten. Aber schließlich einigten wir uns auf eine wunderschöne leinengebundene Bibel mit großem Druck und Bildern, die 13,50 Mark kostete.

»Fein«, seufzte Peter erleichert. »Da bleiben uns 85 Pfennig übrig. Dafür kaufen wir für jedes ein Eis, und 25 Pfennig legen wir fürs Zelten zurück. Vorwärts, alle miteinander, zwängt euch auf die andere Straßenseite hinüber.«

Wir hatten den Eisstand erreicht und lutschten eben genießerisch, als ich »es« plötzlich erblickte. Fast setzte mein Herzschlag aus. Ich schaute nochmals hin. Doch, ja, ohne Zweifel, da war es, das Gesicht, das mich wochenlang verfolgt hatte - ein häßliches, bärtiges Gesicht mit wildblickenden Augen.

»Peter«, flüsterte ich und griff so fest nach seinem Arm, daß er beinah sein Eis fallen ließ und ausrief:

»Gib doch acht, Eliane!«

»Eis hin oder her, schau, schau doch, dort bei der Kreuzung! Der Mann, den ich im Garten oben gesehen habe! O Peter, laß uns weglaufen, sonst sieht er mich auch!«

Ich suchte mich hinter ihm zu verbergen, aber es war zu spät. Auf ein Zeichen des Verkehrspolizisten schob sich eine Menge Menschen über die Straße, so daß ein leerer Raum entstand. Der Mann wandte sich plötzlich um. Einen Atemzug lang hielten seine Augen die meinen in erschrecktem Wiedererkennen fest. Dann tauchte er in der Menge unter.

Indessen hatte Peter sein Eis wieder in seine Gewalt bekommen und schwang es aufgeregt über seinem Kopf.

»Wart nur, ich sag's gleich dem Polizisten!«

Er rannte los, strauchelte über eine Hundeleine und stieß dabei eine erzürnte Dame in die Arme eines erstaunten Herrn.

»Wir haben den Dieb gesehen, der die Sachen im Haus von Herrn Thomas gestohlen hat!« schrie er und packte den blauen Ärmel des Polizisten. »Er ist gerade fortgelaufen, aber Sie können ihn sicher erwischen, wenn Sie wollen.«

Der Polizist schüttelte ihn ärgerlich ab und brummte, die Augen auf den Verkehr geheftet:

»Und wenn du den Dieb vom Königspalast gesehen hast - es ist mir egal! Ich habe meine Arbeit. Wenn du etwas zu melden hast, so geh zum Polizeiposten an der Emery-Straße.«

Wütend pfiff er einem Wagen zu, der verkehrt fuhr. Peter kämpfte sich wieder zu uns zurück.

»Es nützt nichts«, sagte er enttäuscht. »Bei diesem Verkehr brauchten wir eine halbe Stunde, bis wir beim Posten wären. Unterdessen wäre der Mann sowieso über alle Berge. Es fahren ja laufend Autobusse nach allen Richtungen ab. Wenn ich denke, daß ich den Mann so nah bei mir hatte und ihn nicht erwischt habe!«

Wir bogen in eine Seitenstraße ab und lehnten uns entmutigt gegen eine Mauer.

»Ich glaube, der Polizist nimmt Kinder nicht ernst«, fuhr Peter fort. »Wir fahren besser schnell heim und erzählen es Papa. Er kann dann immer noch anrufen, wenn er will. Aber eines ist gut: Ich habe den Kerl jetzt selber gesehen und werde ihn jederzeit wiedererkennen.«

Der Sommer zog ins Land. Ohne es zu wissen, veränderte auch ich mich mit den Jahreszeiten. Ich schoß auf wie ein junges Bäumchen, und Frau Morton hatte viel zu tun, die Nähte und Säume meiner Kleider auszulassen. Ich hatte Freude an der Schule bekommen und machte bei Arbeit und Spiel eifrig mit. Mehr noch, ich hatte entdeckt, in welch schöner Welt ich lebte und wieviel Wunderbares es ringsum zu sehen, zu hören, zu riechen und zu entdecken gab. Der rote Fingerhut, den wir auf dem Monroe-Hügel entdeckten, der Duft sonnendurchwärmten Heidekrauts und frischgemähter Wiesen auf dem Hochland und jener frühe Sonntagmorgen, an dem Janet und ich am Weg zum Fluß die ersten Heckenrosenknospen fanden - all das waren Meilensteine im Erleben jenes Sommers.

Auch außerhalb der Schule lernte ich vieles. Dreimal in der Woche ging ich zu Barbara und saß an den langen, hellen Sommerabenden ein halbes Stündchen bei ihr. Manchmal begleitete mich Janet. Wir verwendeten immer einen Teil unserer Zeit für den Bibelabschnitt und für unser Gespräch darüber. Barbaras Bibel war längst ihr liebster Besitz geworden. In der ganzen langen Zeit ihrer Krankheit hatte sie an nichts anderes als nur an sich selbst gedacht, und sie hatte mehr als genug davon. Selbst ihrer Geschichtenbücher war sie überdrüssig geworden, denn sie handelten von lauter gesunden, starken Kindern, die umhersprangen und allerlei Spannendes erlebten. Die Bibel eröffnete ihr eine neue Welt. Sie berichtete von Kranken, die geheilt wurden, von Traurigen, die getröstet wurden, von Müden, die Ruhe fanden; verlorene Schafe wurden wiedergefunden, und sündigen Menschen wurde vergeben. Und im Mittelpunkt, aus jeder Seite herausleuchtend, stand der Heiland, der sie alle zu sich rief und bei dem Freude die Fülle war.

»Ich habe ihn wirklich lieb«, sagte Barbara eines Abends unvermittelt, als wir wieder im Dämmerlicht beisammensaßen. »Ich wollte, ich könnte ihm gehören, wie ihr beide. Aber er hat noch nicht gemacht, daß ich gehen kann, und manchmal frage ich mich, ob er mich überhaupt hört.«

»Du könntest ihm ebensogut angehören wie ich«, erwiderte ich. »Aber wenn ich dir erkläre, wie, scheinst du es nie recht zu verstehen. Ich werde Tante bitten, dich zu besuchen. Sie wird's dir erklären. Sie kann das fabelhaft.«

Barbaras Züge erhellten sich.

»Ja, tu das! Ich habe Frau Morton gern. Ich möchte es wissen, bevor ihr zelten geht, weil es dann ganze drei Wochen dauert, bis ich dich wiedersehe. Wenigstens kommt nachher mein Vater heim, so kann ich mich doch auf etwas freuen.«

Die Vorbereitungen für unsere Ferien waren weit gediehen. Peter war eines Tages mit seinem Vater weggefahren. Sie hatten an einem See eine Bauernfamilie gefunden, die gewillt war, Frau Morton, Robert und Klein-Anne aufzunehmen, uns in der Nähe des Wassers zelten zu lassen und uns mit Milch und Eiern zu versorgen. Meine Mutter hatte sich zur Heldin des Tages gemacht, als sie uns 50 Mark als Beitrag zu den Kosten der Ausstattung geschickt hatte. Wir kauften damit Zeltplanen. Pfadfinder liehen uns zwei Zelte. Wir ergatterten Säcke, die wir mit Stoh füllen und als Matratzen gebrauchen konnten. Als Schlafsäcke würden uns alte, zusammengenähte Wolldecken dienen. Peter hatte an mehreren freien Nachmittagen den Bauern beim Heumachen geholfen und so seine Landkarte und einen Kompaß verdient. Frau Morton aber häufte auf dem obersten Regal des Küchenschranks Vorräte an. Tagsüber redeten wir von nichts anderem mehr als vom Zelten, und nachts träumten wir davon.

Bevor ich auch nur bei unserem Gartentor ankam, wußte ich, daß etwas Außergewöhnliches geschehen sein mußte - es war von weitem zu hören: Freudengeheul von Peter und Janet und aufgeregtes Gequietsche der jüngeren Familienglieder. Ich stürmte den Weg hinauf und stürzte mich mitten ins Getriebe, das rings um den Pfarrer herrschte - ich fühlte mich längst dazugehörig.

»Was ist los?« rief ich. »Schnell, sagt's mir!«

»Ein Auto für die Ferien!« jubelte Peter. »Herr Simon ist so dankbar, weil Papa seine Frau gesund gemacht hat, daß er uns für den August seinen Wagen leiht. Jetzt können wir hinfahren, wo wir wollen, und Mama und die Kleinen können auch mitkommen.«

»Paß auf, was du sagst«, unterbrach ihn der Vater. »Ich bin kein Arzt. Nicht ich habe sie gesund gemacht!«

Wir alle kannten die Geschichte der armen Frau Simon, deren süßes Kindchen, ihr erstes, ganz plötzlich starb. Wir legten an einem sonnigen Tag im April die ersten Narzissen auf das winzige Grab. Die arme Mutter verlor beinah den Verstand, und der Arzt wußte keinen andern Rat mehr, als sie in einer Nervenklinik unterzubringen. Da waren es einzig des Pfarrers Gebete und seine ausdauernden täglichen Besuche, die der armen Frau den Verstand retteten. Er hatte sie Schritt für Schritt zur Quelle allen Trostes hinführen können. Jetzt war sie wieder gesund und munter, ein neuer Mensch, der andere Trostbedürftige besuchte und aufrichtete. Es war wahrhaftig kein Wunder, daß Herr Simon seine Dankbarkeit beweisen wollte.

Ja, das waren großartige Neuigkeiten! In die abgelegenen Täler fuhren die Autobusse nur in großen Abständen; außerdem schien das Gepäck für Klein-Anne beinahe ebenso umfangreich zu werden wie die gesamte Lager-Ausrüstung. Nun konnten wir das Gepäck im voraus hinbringen und dann die Mutter mit den Kleinen abholen. Zudem konnten wir mit dem Wagen bis an den Fuß der höheren Berge fahren, tagsüber klettern und abends zurückfahren. Peter hatte sogar ein Seil aufgetrieben!

Die Prüfungen nahmen uns in den letzten zwei Wochen vor den Sommerferien sehr in Anspruch, aber der große Tag nahte trotzdem mit Riesenschritten, sollten wir doch bereits am zweiten Ferientag abreisen. Frau Morton hatte sehr viel zu tun, deshalb wartete ich den Sonntag ab, um mit ihr über Barbara zu reden. Sie versprach, gleich nach dem Abendbrot mit mir zu kommen. Emma und Janet sollten ausnahmsweise die Kleinen zu Bett bringen. So stiegen wir denn Hand in Hand den wohlbekannten Weg hinauf. Unter den alten Buchen hielt Frau Morton an und setzte sich auf einen moosbedeckten Baumstumpf.

»Wir wollen beten, bevor wir hineingehen«, sagte sie. Ich setzte mich neben sie und schloß die Augen, und sie bat Gott, Barbara den Weg zu zeigen und sie zu sich zu ziehen. Dann traten wir in den Garten. Frau Thomas und Barbara saßen miteinander am offenen Fenster.

Frau Thomas war sehr erfreut, Tante zu sehen, und es schien mir, als wollte sie nie mehr aufhören zu reden. Aber nach einer Weile ließ sie uns allein; denn sie nützte es gern aus, wenn jemand ihre Tochter unterhielt und sie sich solange ungestört einer Arbeit widmen konnte.

Barbara wandte sich sogleich an Frau Morton und sprudelte hervor:

»Gut, daß Sie gekommen sind! Ich habe jeden Tag auf Sie gewartet. Hat Eliane ihnen erzählt . . .«

»Ja«, antwortete Frau Morton und ging geradewegs auf die Hauptsache los. Sie war nämlich immer etwas in Sorge, wenn sie die Kleinen längere Zeit allein lassen mußte. »Du machst dir Gedanken, nicht wahr, weil du Gott gebeten hast, dich wieder richtig gehen zu machen, und er hat's nicht getan, und du kannst nicht verstehen, weshalb.«

Barbara nickte. Sie blickte gebannt auf Frau Morton, als erwarte sie von ihr die Preisgabe irgendeines großen Geheimnisses.

»Ich glaube, es verhält sich so: Nehmen wir an, ein armer, zerlumpter Junge käme an unsere Haustür und bäte mich um etwas Geld. Ich könnte es ihm geben und ihn wegschicken. Oder aber ich könnte etwas viel Besseres für ihn tun. Ich könnte zu ihm sagen: ›Nein, ich gebe dir kein Geld, aber ich will dich in mein Haus nehmen, dich liebhaben, dich sauber waschen, für dich sorgen und dich zu meinem eigenen Kind machen.‹ Wenn ich das sagte, glaubst du, daß der arme Junge sich noch um Geld kümmern würde? Er wüßte doch, daß ich ihn so liebhätte, daß ich ihm alles gäbe, was er braucht.«

»Bedeutet das Geld meine Beine?« fragte Barbara. Sie war sehr rasch von Begriff.

»Ja, ungefähr. Du hast den Herrn Jesus gebeten, dir kräftige Beine zu geben. Er aber schaut auf dich herab und sagt: ›Barbara, ich habe etwas viel Besseres für dich! Ich habe dich lieb, und ich wünsche, daß du mein eigenes kleines Mädchen wirst. Ich will dich erlösen von deinem mürrischen Wesen, von deiner Traurigkeit und Selbstsucht und dich glücklich machen.‹ Freilich, es ist möglich, daß er dir später obendrein gesunde Beine schenkt, du darfst ihn ruhig weiter darum bitten. Aber als erstes möchte er dich lehren, daß du als sein Eigentum glücklich, ja wahrhaft glücklich sein kannst, sogar hier auf deinem Bett. Hat dir Eliane den Vers auf dem Titelblatt ihrer Bibel gezeigt?«

»Ja«, antwortete Barbara prompt. »Ich weiß ihn auswendig: Du weist mir den Weg des Lebens, bei dir ist Freude die Fülle.«

»Fein. Verstehst du, was das heißt? Es heißt, daß wir einverstanden sind, wenn Jesus unsern Lebensweg für uns wählt, weil er das am besten kann. Es heißt auch, daß wir nicht murren, wenn er Krankheit, Leid oder Enttäuschung schickt. Wir wissen dann, daß er es gut meint und daß er erst recht ganz nah bei uns ist, und sind trotz allem glücklich. Denn weißt du, Barbara, Glücklichsein hängt nicht davon ab, was wir haben oder wo wir sind. Wahre, bleibende Freude haben wir immer, wenn wir nahe bei Jesus leben und ihm ähnlich werden.«

Barbara blieb stumm. Bevor sie zu irgendeinem Entschluß kam, drehte sie stets die Dinge in ihrem Kopf hin und her. Außerdem trat jetzt ihre Mutter wieder ein, knipste das Licht an und bat uns, doch zum Abendessen zu bleiben. Frau Morton sprang auf:

»Ich *muß* nach Hause und sehen, was meine Gesellschaft macht! Seit Herr Simon uns seinen Wagen für die Ferien versprochen hat, ist sie ganz aus dem Häuschen. Ich selbst kann Ihnen nicht sagen, wie mir davor graute, mit Sack und Pack mit dem Autobus zu fahren und dann am Ende die ganze Fuhre den Berg hinaufzuschleppen!«

Ich warf einen Blick auf Barbara. Etwas Sehnsüchtiges lag in ihren Augen, das mir ins Herz schnitt. Plötzlich hatte ich eine wundervolle Eingebung.

»Tante«, rief ich aus, »mit dem Wagen ist's nicht weit! Könnte Onkel nicht einmal kommen und Frau Thomas und Barbara holen, um uns im Zeltlager zu besuchen? O Tante, bitte, sag ja.«

Bei meinen Worten hatten Barbaras Wangen sich gerötet, und ihre Augen glänzten. Die beiden Mütter aber schauten sich ganz verdutzt an. Dann sagte Frau Morton:

»Wir müssen natürlich meinen Mann fragen. Wenn Sie meinen, Frau Thomas, daß es für Barbara nicht zu ermüdend wäre ... Ich muß sagen, daß mir der Gedanke einleuchtet.«

»Mir auch«, ergänzte Barbara rasch. »Mama, wenn du das erlaubst, werde ich nie mehr schlechter Laune sein!«

Wir mußten alle lachen. Dann eilten Frau Morton und ich nach Hause. Es war auch höchste Zeit, denn in unserer Abwesenheit war nicht alles reibungslos verlaufen. Emma und Janet hatten wenigstens ziemlich rote Köpfe. Anne schrie wie am Spieß, und Robert hatte ohne jeden ersichtlichen Grund seine Socken in die eingeweichten Haferflocken fallen lassen, die für den folgenden Morgen bereitstanden. Johnny, der alles versuchte, um bis zur Rückkehr der Mutter aufbleiben zu können, hatte sich im Wäscheschrank versteckt und wurde soeben, heftig strampelnd, an den Beinen hervorgezogen. Nur die brave kleine Rosmarie lag schon still im Bett und wartete auf die Heimkehr ihres Vaters.

In wenigen Augenblicken hatte Frau Morton die Zügel fest in der Hand. Sie hörte sich Emmas Klagen an, beschwichtigte Anne, gab Robert einen Klaps, küßte Rosmarie, dämpfte Johnny's Übermut und setzte den Teekessel auf.

Als wir um den Küchentisch saßen, sagte sie ruhig:

»Ich hätte morgen gehen sollen. Ich hatte vergessen, daß sich die Kinder an einem Sonntagabend immer schlimmer aufführen als an irgendeinem andern Abend. Da kommen Papa und Peter. Wir wollen mit Einschenken beginnen.«

Die beiden kamen von der Kirche, hungrig, als hätten wir noch gar kein Abendbrot gehabt. So fielen wir denn nochmals über Tee und Rosinenkuchen her. Es war ein gemütlicher Abend, und jedermann stimmte von Herzen meinem Plan für Barbara zu. Hätte uns Frau Morton nicht ins Bett gejagt, wir hätten die ganze Nacht weitergeplaudert.

Bevor ich unter die Decke kroch, stand ich ein paar Minuten am offenen Fenster und lehnte mich weit hinaus. Es war warm und dunkel. Vom Buchenwald her klagte ein Käuzchen. In Barbaras Haus brannte noch Licht, und ich wunderte mich, was sie wohl machte. Stand sie noch immer an der Schwelle und bettelte um eine Gabe? Oder hatte sie dem Geber ins Antlitz geschaut und war durch die offene Tür in die Helle und Geborgenheit des Vaterhauses eingetreten?

Endlich brach der große Morgen an, wie es große Morgen immer tun, wenn es auch lange dauert, bis sie kommen. In aller Frühe fuhr der Pfarrer mit uns vier Älteren und dem Zeltmaterial los, um das Lager zu errichten. Die übrige Familie wollte er im Laufe des Nachmittags abholen.

Es war ein vollkommen blauer Morgen. Auf schmalen Seitenstraßen, die von Hecken gesäumt waren, fuhren wir bis an den Fluß. Hin und wieder gab eine Lücke in der Hecke den Blick frei auf die Hügel, die sich am anderen Ende des Tales erhoben, und manchmal fuhren wir durch einen grünen Tunnel, wo das Laubwerk so dicht ineinander verwoben war, daß es uns den Himmel verdeckte. Meilenweit sangen wir, lehnten uns aus den Wagenfenstern und füllten uns die Lungen mit kräftiger Luft. Der Tau lag noch auf den Wiesen, und die Spinnweben glänzten wie Silber.

Nach einer Weile ließen wir das Landsträßchen hinter uns und folgten den Windungen einer Straße, die dem Horizont entgegenkletterte. Auf einmal waren wir oben. Der Pfarrer hielt den Wagen mit einem Ruck an und sagte: »Schaut!«

Noch nie war ich den Bergen so nah gewesen. Ihr Anblick raubte mir im ersten Augenblick fast den Atem. So weit das Auge sehen konnte, dehnten sich vor uns schimmernde Reihen heidekrautbewachsener Hügel und stolzer, felsiger Gipfel. Peter sprang aus dem Wagen und zählte die Namen auf: Moel Siabod, die Gylders, Snowdon, die Cannedds, der zackige kleine Tryfan.

Wir wußten, daß an den Flanken dieser Berge, in den dunstigen Falten ihrer Senkungen und Täler die Seen verborgen lagen. Peter sprang wieder in den Wagen, schlug seinem Vater kameradschaftlich auf die Schulter und rief:

»Weiter, Papa, weiter! Wir wollen bald dort sein!«

Wir rumpelten den Abhang hinab und durch das letzte Städtchen, in dessen Außenbezirken rote, blaue und gelbe Häuschen miteinander abwechselten. Hier wurden früher die Harfen gebaut, die ganz Wales mit ihren leidenschaftlichen Klängen erfüllt hatten. Nun ging's nur noch über eine schöne alte Steinbrücke, die, wie der Pfarrer uns belehrte, von einem berühmten Architekten gebaut worden war - und wir hatten die Zivilisation hinter uns gelassen. Wir eilten dem hohen, waldbewachsenen Bergwall entgegen, der sich unmittelbar vor uns erhob. Nach weiteren zehn Minuten ließen wir die letzte Straße, die diesen Namen verdiente, hinter uns und kletterten auf einem steilen, steinigen Weg durch Lärchenwälder in die Höhe. Zu unserer Rechten schäumte ein Bach über moosbewachsenes Geröll.

»Kommt der Wagen wirklich da hinauf?« fragte Janet und hielt sich ängstlich an der Rücklehne fest. »Und was machen wir, wenn uns ein anderer Wagen entgegenkommt?«

»Keine Ahnung«, entgegnete der Vater. »Es wäre wirklich peinlich!« Er schaltete den ersten Gang ein und hupte warnend vor jeder Biegung. Aber an diesem Morgen war außer uns niemand unterwegs, und schließlich erreichten wir den Höhenweg über dem Wald. Meere wogenden Heidekrauts schlossen uns ein, und ringsum ragten Felsblöcke den Gipfeln entgegen.

In wenigen Augenblicken sollten wir den Ort sehen, den uns Peter schon so oft beschrieben hatte - wir atmeten kaum noch vor Spannung. Dann rumpelten wir um einen vorspringenden Felsen - und da lag er vor uns, der See, klar wie grünes Glas, und die Hügel spiegelten sich darin.

Der Wagen hielt an, und wir blieben eine Minute ganz ruhig. Groß und still war der See. Er lag in einer Mulde zwischen den Bergen. Am andern Ende fiel ein Lärchenwald steil bis zu seinem Ufer ab. Auf unserer Seite wuchsen Binsen in der Nähe des Ufers, und der Abhang stieg sanft an, von Heidekraut, Glockenblumen und weichem Moos bedeckt. Dann und wann stieß eine Möwe nieder und kräuselte mit ihren Flügeln die Oberfläche des Wassers. Sonst war alles still. Kein Zweifel, ich war in ein Märchenland eingetreten, in dem alles schlief.

»O Papa, laß uns baden!« bettelte Johnny, der sich als erster von dem überwältigenden Eindruck erholte. »Da ist eine kleine Bucht. Können wir nicht hier unsere Zelte aufschlagen?«

»Nein, unser Platz ist auf der anderen Seite des Bauernhauses. Schau, dort führt ein Sträßchen den See entlang. Wenn wir die Zelte aufgestellt und uns eingerichtet haben, springen wir noch rasch vor dem Mittagessen ins Wasser. Gekocht wird heute nicht. Belegte Brote, Dörrobst und Limonade tun's auch. So komme ich rechtzeitig weg, um Mama zu holen.«

Bald erblickten wir das Bauernhaus, ein weißgetünchtes Gebäude, das, von einer niedrigen Steinmauer umgeben, hinter einem Eschenwäldchen versteckt lag. An einer Seite waren eine Schafhürde und ein Kuhstall angebaut, daneben lag ein Hühnerhof. Klares Wasser plätscherte aus einer Röhre in einen Steintrog vor der Haustür. Frau Davies hörte uns kommen und eilte uns entgegen. Sie war eine saubere, schwarzhaarige kleine Frau mit roten Wangen und lebhaften dunklen Augen. Ein kleines Mädchen hing ihr am Schürzenzipfel, und ein großer Schäferhund sprang um sie herum.

»Eine kleine Freundin für Rosmarie«, bemerkte der Pfarrer und winkte dem Kind.

»Und ein kleiner Freund für Nero«, sagte Johnny und pfiff dem Hund.

Wir purzelten aus dem Wagen, und der Pfarrer begrüßte die Frau auf walisisch, was sie sichtlich freute, denn ihr Englisch war wacklig, und das kleine Mädchen verstand fast überhaupt nicht. Die Frau zeigte uns den trockensten Fleck für den Lagerplatz und half uns unsere Sachen hintragen. Es war ein erhöhtes, flaches Stück Wiese, nach hinten durch verkümmerte Eichen abgegrenzt.

Wir gingen ernsthaft ans Werk, legten die Zeltplanen aus und schlugen die Heringe ein. Dann führte uns Frau Davies zur Scheune, wo wir, wie abgemacht, die Stohsäcke füllen durften. Die Scheune war kühl und dämmerig, sie roch nach Kühen und frischem Heu. In einem Verschlag stand ein winziges, schwarzweiß geflecktes Kalb mit zitterigen Beinen und guckte furchtsam hinter seiner Mutter hervor.

Wir schleppten die gefüllten Strohsäcke zu den Zelten hinauf und breiteten die Schlafsäcke darüber. Peter und Johnny hoben am Hang für Konserven und sonstige Vorräte eine Grube aus, die sie mit Segeltuch ausschlugen. Dann schleppten wir große Steine vom Ufer herauf und bauten uns eine Feuerstelle. Das Brennholz wollten wir in der Scheune aufstapeln, denn plötzliche Regenfälle sind im Walisischen Hochland keine Seltenheit.

»Ihr sollt sehen«, sagte Peter, »wir machen zu Mutters Empfang ein grandioses Lagerfeuer. Während du sie abholst, Papa, suchen wir massenhaft Holz. Aber jetzt wollen wir baden!«

In zwei Minuten waren wir umgezogen und liefen barfuß über das federnde Gras zu der sandigen Stelle zwischen den Binsen, die Johnny bereits »Badestrand« benannt hatte. Hier fiel der Boden so sanft ab, daß nicht einmal für die Kleinen Gefahr bestand. Peter, Janet und Johnny waren ohnehin gute Schwimmer. Gemeinsam mit ihrem Vater schwammen sie furchtlos auf die grünen Tiefen zu und ließen mich am Rande planschend zurück.

Wenig später setzten wir uns hungrig wie die Wölfe um den Berg von Butterbroten und vertilgten sie samt den Zutaten restlos. Plötzlich warf der Pfarrer einen Blick auf die Uhr, sprang auf und rief aus:

»Höchste Zeit, die andern zu holen! Wir werden erst etwa um fünf zurück sein. Ihr könnt Holz sammeln und die Gegend auskundschaften, aber geht mir nicht verloren! Und daß niemand ins Wasser steigt oder ein Feuer anzündet, bevor ich zurück bin!«

Wir nickten einmütig, denn wir hatten den Mund noch zu voll zum Sprechen. Der Pfarrer sprang in den Wagen, gab Gas und ratterte davon. Mit neuem Interesse schauten wir uns um. Es war spannend, allein hier zu bleiben, wenn auch Frau Davies bloß ein paar Meter weiter unten wohnte.

»Ihr Mädchen spült das Geschirr!« befahl Peter als der Älteste. »Und dann schichten wir einen gigantischen Holzstoß fürs Lagerfeuer auf. Nachher gehen wir zum anderen Ende des Sees und folgen dem Bach, um zu sehen, wohin er fließt. Nach meiner Karte liegt auf der anderen Seite des Berges nochmals ein großer See mit einem Abfluß, der sich mit dem unsrigen vereint. Wenn wir die Stelle fingen können, wo sie zusammenkommen, wissen wir für ein andermal den Weg zum zweiten See.«

Wir räumten auf und hoben eine Abfallgrube aus. Dann zerstreuten wir uns, um Holz zu suchen. Ich kletterte zu einem Lärchen- und Pinienwäldchen auf der Höhe unseres Abhangs hinauf und vergaß vor lauter Umherschauen beinahe meinen Auftrag. Ich kehrte dem See den Rücken zu, und zu meinen Füßen wogte die Hochlandheide, nur hier und dort unterbrochen von Felsblöcken und Bäumen. Dahinter löste ein Hügel den andern ab. Den Hintergrund bildeten die Berge in erhabener Größe. Und kein Lebewesen weit und breit!

»Macht voran!« ertönte Peters Stimme aus der Tiefe. »Wir wollen bald aufbrechen!«

Hastig bückte ich mich nach dürren Zweigen, so daß ich in wenigen Minuten einen rechten Armvoll beieinander hatte. Mit vereinten Kräften errichteten wir einen ansehnlichen Holzstoß. Nach einem kurzen Besuch beim Kälbchen zogen wir los. Wir fühlten uns wie Forscher, die unbekanntes Gebiet entdecken sollten. Der Himmel hatte sich mit Wolken bedeckt; es war kühl und sehr still.

Aus dem Ende des Sees strömte ein weiß-schäumender Bach, der über den Rand der Hochebene sprudelte und in einem steilen, steinigen Bachbett in die Tiefe hastete. Im Nu hatten wir unsere Sandalen abgestreift und sprangen von Stein zu Stein. Dann und wann glitschte eines auf den nassen Steinen aus und plumpste bis zu den Knien ins brodelnde Wasser. Aber das kümmerte uns nicht. Wir sprangen vergnügt weiter. Nach einer Weile wurde der Bach ruhiger und floß unter einem Blätterdach wie durch eine grüne Halle dahin, zu beiden Seiten von hohen Farnkräutern gesäumt.

Janet hielt an und mahnte:

»Vergeßt nicht, daß wir zurück müssen. Wir dürfen nicht später ankommen als Mama.«

Aber Peter, der voranging, rief:

»Dort vorne hört der Wald auf. Kommt nur noch so weit. Da können wir uns umschauen und dann zurückkehren.«

Wir wateten weiter und befanden uns bald unter einem grauen Himmel, an einem öden, trostlosen Ort. Früher mußte es ein Steinbruch gewesen sein, denn ringsum lagen Haufen herausgebrochener Steine, und genau vor uns standen die geschwärzten Mauern eines alten, halbzerfallenen Steinhauses.

»Sieht aus, als ob es ausgebrannt wäre«, bemerkte Peter. »Wer hilft mir auf das Fensterbrett hinauf? Ich will hineinschauen.«

Aber Janet widersetzte sich dieser Absicht mit Entschiedenheit.

»Wir *müssen* umkehren. Das Haus gefällt mir nicht, Peter. Überhaupt, der ganze Platz gefällt mir nicht. Er sieht irgendwie gespenstisch aus.«

Mich fröstelte. Die Steinhaufen verdeckten die Aussicht. Zu unserer Linken erhob sich eine zerklüftete schwarze Felswand, die jedenfalls die beiden Täler mit ihren versteckten Seen trennte. Gleich unterhalb des Steinbruchs mußten die Bergbäche zusammentreffen, denn die Luft war erfüllt vom Tosen wilder Gewässer.

Doch Peter hatte sich bereits durch das Gewirr von Sauerampfer und Nesseln geschlagen, das die Ruine umgab, und schwang sich auf das Fensterbrett. Aufgeregt rief er:

»Da ist aber mehr als nur ein Zimmer drin! Und jemand hat Feuer gemacht - ich sehe schwarze Steine und Asche und eine alte Pfanne. Dahinter sind noch mehr Zimmer, über einem steht noch das Dach, und das Fenster ist mit Lumpen verhängt. Mehr kann ich von hier aus nicht sehen. Ich will die Haustür untersuchen. Ich glaube, es wohnt jemand hier.«

Ohne sich von den Brennesseln abhalten zu lassen, arbeitete er sich zur Haustür durch. Sie war festgeklemmt; aber Peter stemmte sich mit solcher Wucht dagegen, daß sie plötzlich aufsprang und er kopfüber ins Haus purzelte. Er erhob sich augenblicklich und kam ziemlich erschrocken wieder heraus, sichtlich unschlüssig, was weiter zu tun sei.

»Soll ich hineingehen? Und wenn jemand drin ist?«

»Dann wäre er schon lange herausgekommen«, bemerkte Johnny sehr vernünftig. Er hopste durch die Nesseln, blieb auf der Schwelle stehen und sagte:

»Ich gehe hinein, ich fürchte mich nicht!«

Und drinnen war er! Er steckte seine vorwitzige kleine Nase in jede Ecke. Dann kam er auf den Zehenspitzen zurück, die Augen vor Aufregung geweitet.

»Jawohl, es wohnt jemand hier. Eine Matratze mit schönen Wolldecken liegt auf dem Boden und ein paar Tassen und Teller, auch ein alter Teppich und eine Kiste.«

»O Peter«, flüsterte ich, »laß uns gehen! Denk doch, wenn die Besitzer kämen und uns hier fänden! Die wären schrecklich böse, und wir würden sie nicht einmal hören, bis sie neben uns ständen, weil der Bach solch ein Spektakel macht.«

»Ich möchte nur schnell hineingucken«, gab Peter unsicher zurück. »Johnny, steig doch auf den Steinhaufen da und halte Wache!«

Der leichtfüßige Johnny war im Nu oben - und ebenso rasch wieder unten.

»Ein Mann kommt neben dem Bach herauf«, quietschte er. »Er

trägt einen Sack auf dem Rücken und einen toten Hasen in der Hand. Los, alle miteinander, lauft!«

Und schon war er unter dem Laubdach verschwunden und sprang, mit Peter und Janet auf den Fersen, von Stein zu Stein, ich selbst stolpernd, ausgleitend, spritzend hinterher. Weiter hasteten wir, immer weiter, atemlos und durchnäßt, mit wunden, kalten Füßen und schmerzenden Beinen. Erst als wir die stille Senke zwischen den Hügeln mit der grauen Fläche des Sees erreichten, fühlten wir uns in Sicherheit.

»Der Wagen, der Wagen!« schrie Janet und winkte wie wild mit ihren Sandalen. Im nächsten Augenblick rannten wir auch schon alle vier barfuß neben dem Wagen her, aus dem die vergnügten Gesichter von Rosmarie, Robert, Anne und Nero guckten und Frau Morton uns lieb wie immer zuwinkte. Obwohl keiner von uns es zugegeben hätte, waren wir unser Lebtag noch nie so froh gewesen, sie alle wiederzusehen.

Die Sonne ging für uns auf, als sich Frau Morton aus dem Wagen schälte, in einem Arm Anne, im andern eine riesige Tüte, die bis zum Bersten mit selbstgebackenen Rosinenkuchen gefüllt war. Wir warfen uns auf sie, und der Rest des Abends war ein glänzender Erfolg. Der Pfarrer brachte im Handumdrehen das Holz unter der Pfanne zum Brennen und das Wasser zum Kochen. Wir hockten ums Feuer, wärmten unsere durchfrorenen Beine und trockneten unsere nassen Hosen und Kleider. Bald waren wir alle damit beschäftigt, Rosinenkuchen zu essen und Becher voll heißen Tees zu schlürfen, der nach Rauch und Kondensmilch schmeckte, während wir die »Speisekarte« fürs Abendessen besprachen. Frau Morton beschloß:

»Zur Feier des Tages gibt's gebratenen Speck mit Eiern und zum Abschluß heiße Schokolade mit Keksen. Wir könnten Frau Davies und ihr Töchterchen dazu einladen. Ah, Eliane - eben fällt mir ein: Es ist ein Brief von deiner Mutter gekommen!«

Sie reichte mir einen dünnen Umschlag mit einer französischen Marke. Ein merkwürdiges, kaltes Angstgefühl stieg in mir hoch, denn Mama schrieb selten Briefe. Ungefähr einmal in der Woche kam eine Postkarte an, die aber nicht mehr enthielt als: »Hallo! Wie geht's Dir?« oder dergleichen. Ich zog mich von der Familie zurück, lief auf den Hügel, wo ich Holz gesammelt hatte, und setzte mich unter eine Lärche. Wie dumm, Angst zu haben! Hatte Mama nicht in ihrem letzten Brief 50 Mark für unsere Ferien geschickt?

Ich riß den Umschlag auf und las den Brief mehrmals durch. Ich konnte den Inhalt nicht fassen. Und doch hatte ich immer geahnt, daß es eines Tages soweit kommen würde. Der Arbeitgeber meiner Mutter wollte im Herbst nach England zurückkehren. Mama behielt ihren Posten, wollte aber für uns beide eine Wohnung in London suchen. Sie schrieb: »Es ist am besten, Du kommst für die Weihnachtsferien zu mir. Anschließend kannst Du die Schule in London besuchen. Ich habe Dich so lange entbehrt, und es wird schön sein, wieder beisammen zu sein.«

Die Weihnachtsferien! Janet hatte mir viel davon erzählt: von den frostklaren Abenden, wo die Pfarrerskinder bei Laternenschein durch das Dorf zogen, Choräle sangen und kleine Gaben hinterließen, von Schlittenfahrten und Strümpfe-Auspacken am Weihnachtsmorgen, vom Sonntagschulfest im Pfarrhaus, wobei der Pfarrer sich als St. Nikolaus verkleidete. All das sollte ich nun nicht miterleben?

Ich starrte auf unser Lager hinunter. Peter und Johnny schleppten soeben einen unförmigen Holzklotz von der Scheune herauf, und Janet machte sich mit der Bratpfanne zu schaffen. Rosmarie stand allein am »Badestrand« und kehrte der übrigen Gesellschaft den Rücken zu - eine kleine Feengestalt im Bann der Schönheit des Abendlichts. Nein, ich konnte sie alle nicht verlassen! Sie waren meine Geschwister. Bestimmt würde Frau Morton mich verstehen und mir helfen, es Mama klarzumachen. Selbstverständlich wollte ich Mama gern manchmal sehen. Ich hätte nichts dagegen, gelegentlich nach London zu fahren, und sie könnte mich ja in Wales besuchen kommen. Aber meine Heimat war jetzt hier, in dem Land mit den weiten Horizonten und den wechselnden Jahreszeiten und bei den Kindern, die ich liebgewonnen hatte.

Im Geist versetzte ich mich um einige Monate zurück. Wie selbstsüchtig und unglücklich war ich im Anfang gewesen, und wie verhaßt war mir damals alles, woran ich heute hing! Was war es nur, so fragte ich mich, das uns alle so stark miteinander verband? Ich war mir nicht klar darüber, aber ich hatte ein unbestimmtes Gefühl, daß es mit der Bibel zusammenhing - mit jenem alten, erprobten Buch, das Kinder anwies, einander zu lieben und zu ertragen, ihre Eltern zu achten und ihnen zu gehorchen. Wer würde mich in London lehren, nach den Geboten der Bibel zu leben? Wie konnte ich auf mich selbst gestellt, ein Christ bleiben?

»Komm herunter, Eliane!« rief Peter ungeduldig. »Der Speck ist in der Bratpfanne. Jedermann muß seinen Teller bereithalten.«

Als ich zu den anderen kam, schob Frau Morton Johnny zur

Seite, um mir Platz zu machen, und ich kuschelte mich an sie. Vielleicht hatte sie erraten, was in dem Brief stand.

Das Abendessen war ein Hochgenuß. Anschließend zündeten wir den Holzstoß an. Die Flamme schlug hoch empor, erhellte die dunklen Hügel, und ihr Widerschein geisterte rotzüngelnd über den See. Frau Davies, Ellen und der Schäferhund erfreuten sich mit uns an Kakao und Keksen, und dann sangen wir fröhliche Lieder, bis wir heiser wurden.

Beim Schein der ersterbenden Glut schlug der Pfarrer seine Bibel auf. Von der Schafhürde tönte leises, friedliches Blöken zu uns herauf. Der Pfarrer las:

»Und wenn er seine Schafe herausgelassen hat, geht er vor ihnen her, und die Schafe folgen ihm nach, denn sie kennen seine Stimme.«

Während wir zuhörten, stieg der Mond am anderen Ende des Tales herauf und überflutete den See mit silbrigem Licht. Wir legten uns schlafen, mit weit zurückgeschlagenen Zeltklappen, so daß das Mondlicht die ganze Nacht Zutritt hatte.

Jeder Ferientag brachte neue Freuden. Wir standen in der kühlen Dämmerung auf und badeten schon vor dem Frühstück. Peter hatte die Aufsicht über das Feuer, Janet und ich waren Köchinnen, während Frau Morton uns als Ratgeberin zur Seite stand. Manchmal unternahmen wir Entdeckungsreisen in die Berge; andere Male begnügten wir uns mit den näherliegenden Hügeln und machten die Umgebung unsicher. Wenn einmal Regen und Nebel über die Berge herabstrichen, schlugen wir Purzelbäume und spielten in der Scheune. An nassen Abenden lud uns Frau Davies in ihre Küche ein, wo es uns ungemein gut gefiel. Die Küche war weitläufig und niedrig, mit unebenen Fliesen und einer riesigen offenen Herdstelle, die fast eine ganze Wand einnahm. Glänzende Kupferpfannen spiegelten unsere Gesichter in phantastisch verzerrten Formen wider. An den Wänden hingen merkwürdige alte Tücher und Wandteppiche. Es war ein überaus gemütlicher Ort für regnerische Abende, wenn der Donner in den Klüften widerhallte und der Wind den See zu lauter schäumenden Wellen aufwarf. An solchen Tagen zogen wir uns in Frau

Mortons Zimmer aus, rannten durch den Sturm den finsteren Hang hinauf und verschwanden blitzschnell in unseren Schlafsäcken.

An einem wolkenlosen Tag erklommen wir den Snowdon, an einem anderen kletterten wir angeseilt die steile Seite des Tryfan hinauf. Wir fühlten uns als vollendete Bergsteiger. Mit Hilfe von Peters Landkarte entdeckten wir jeden noch so verborgenen See in der näheren Umgebung und stiegen auf jede steinige, mit Heidekraut bewachsene Anhöhe. Ich war im Begriff, so braun und kräftig zu werden wie ein Bergpferd, und ich fragte mich manchmal, was meine Mutter von mir halten würde, wenn sie mich sehen könnte.

Das größte Ereignis dieser Ferien aber war für mich Barbaras Besuch. Lange bevor die andern erwachten, schälte ich mich an jenem Samstag aus meinem Schlafsack heraus und tappte zum Zelteingang, um zu sehen, was das Wetter vorhatte. Der Himmel über den Bergen war tiefblau, und der Morgenstern stand noch über dem höchsten Gipfel. Eine frische Brise wehte vom See herauf. Sie kräuselte die dunkle Oberfläche und raschelte in den Binsen. In der Hürde bewegten sich die Schafe unruhig im Schlaf, und Nero, der im Windschutz unseres Zeltes lag, hob den Kopf und schnüffelte. »Es wird ein schöner Tag werden«, sagte ich mir und fröstelte. »Kein Wölkchen zu sehen!« Ich zog mir die Wolldecke um die Schultern und sah zu, wie der Himmel immer heller wurde. Zwei Möwen schwangen sich aus den Binsen in die Höhe; ihre weißen Flügel glitzerten im Licht. Ich war zu aufgeregt, um noch schlafen zu können, und blieb im Zelteingang sitzen, bis die Sonne endlich durch einen Einschnitt zwischen den Hügeln hindurchbrach und Wiesen und Wasserfläche golden aufleuchten ließ. Da konnte ich nicht länger an mich halten und rief ungeduldig:

»Wach doch auf, Janet! Komm baden, das Wetter ist schon ganz glänzend!«

Aber Janet ließ nur ein Grunzen vernehmen und verschwand tiefer in ihrem Schlafsack, so daß ich mit der Gesellschaft des Hundes vorliebnehmen mußte.

Für meinen ungestümen Sinn ging an diesem Morgen alles viel zu langsam. Die Buben wollten nicht aufstehen, und als sie es endlich taten, konnte man den Topf für den Haferbrei nirgends finden. Nach vielem Hin- und Hersuchen wurde schließlich jemand auf Robert aufmerksam, der am Badestrand kauerte, ganz in sein Lieblingsspiel, Schiffchen fahren zu lassen, vertieft - und ein Stück weit vom Land entfernt schaukelte der Topf! Peter mußte hinausschwimmen und ihn holen. Daraufhin wollte der Haferbrei einfach nicht zum Kochen kommen, Anne wollte ihren Teller nicht ausessen, und nach der Mahlzeit lief Nero mit dem Schöpflöffel davon, wodurch sich das Geschirrspülen verzögerte. Auf jeden Fall schien kein Mensch außer mir es eilig zu haben. Schließlich ertrug ich es nicht länger. Ich lief zum Pfarrer, der ruhig neben Rosmarie saß und einer ihrer Geschichten zuhörte, und fragte ihn, um wieviel Uhr er eigentlich Barbara holen wollte.

»Barbara?« fragte er gedehnt und warf einen Blick auf seine Uhr. Ach ja, sie kommt heute zum Mittagessen, nicht wahr? Da fahre ich am besten gleich jetzt und bringe sie frühzeitig her. Jetzt ist das Wetter noch schön, später vielleicht weniger.«

Er erhob sich, musterte den Wagen und meinte:

»Wir lassen den ganzen Rücksitz für Barbara frei. Aber vorn ist Platz für drei. Willst du mitkommen, Eliane? Es wäre nett für Barbara, dich im Wagen zu finden.«

Hocherfreut schoß ich davon, um mich zurechtzumachen. Rosmarie aber bat flehentlich:

»Papa, Papa, darf ich mitkommen, wenn du Barbara wieder heimfährst? Du wolltest doch so gern den Schluß der Geschichte hören, nicht?«

»Schrecklich gern, Rosmariechen«, erwiderte ihr Vater und beugte sich über sie, um sie zu küssen. »Dann kommen wir ganz allein zurück und kehren unterwegs in einem Café ein. Sag's niemandem!«

Als wir in den Wagen stiegen, strahlte Rosmaries sommersprossiges Gesichtchen in solch heller Freude, daß es mich an den heutigen Sonnenaufgang erinnerte. Rosmarie hatte eine besondere Freude verdient, denn sie war noch nicht groß genug, um mit uns auf die Berge zu steigen, war aber stets bitter enttäuscht, daß sie zurückgelassen wurde. Meist ging sie davon, setzte sich still ans Ufer, preßte die Hände ineinander und schaute, tapfer ihren Kummer hinunterwürgend, über das Wasser, bis wir verschwunden waren.

Die Fahrt war ein reines Vergnügen, und als wir ankamen, rannte ich voraus, um zu sehen, ob Barbara bereit sei. Sie war es schon seit langem und saß wartend am Fenster. Nach fünf Minuten waren wir wieder unterwegs. Barbara lag auf dem Rücksitz, und ich saß zwischen dem Pfarrer und Frau Thomas eingeklemmt und drehte den Kopf nach hinten, um mit ihr zu plaudern. Ich hatte ihr unglaublich viel zu erzählen und schwatzte ununterbrochen, denn Barbara wollte genau wissen, was wir in jedem einzelnen Augenblick jedes einzelnen Tages gemacht hatten. So berichtete ich denn von Lagerfeuern und Zelten, Kälbern und Schafen, Seen und Bergen, vom Klettern und Baden und von Entdeckungsreisen, und sie hörte zu mit dem verlangenden Ausdruck eines Menschen, der durch ein verschlossenes Tor in einen zauberhaften Garten blickt. Wir näherten uns bereits unserem Ziel, als ich endlich fragte:

»Und du, was hast du gemacht?«

»Oh, nicht viel«, gab Barbara munter zurück, »ich habe einfach dagesessen!«

Ich sah sie erstaunt an. Das war nicht die gewohnte weinerliche Stimme voller Selbstmitleid! Sie blickte mir gerade in die Augen und flüsterte geheimnisvoll:

»Ich werde dir etwas sagen, sobald wir allein sind.«

Ich zwinkerte und nickte, denn ich liebte nichts so sehr wie Geheimnisse. Gleich darauf hatte ich alles vergessen, rumpelten wir doch eilig bergauf und bogen bald um den vorstehenden Felsen, der den Weg in unser Königreich verengte.

»Oh«, rief Barbara auf einmal, »dort sind sie ja schon - und sieh, da ist ein See ... O Eliane, wie schön ist es da!«

Der Pfarrer trat ziemlich unvermittelt auf die Bremse, denn die fünf Kinder waren uns entgegengekommen und hielten sich quer über die Straße an den Händen - eine sonnenverbrannte, zerzauste, lachende Schar. Robert stand in der Mitte, barfuß und zappelnd, selig, daß er mit den »Großen« draußen sein durfte. Mit wildem Freudengeheul ließen sie einander los und stoben auch schon auf und davon in der übermütigen Absicht, mit dem Wagen um die Wette zu laufen. Aber der Vater drückte auf das Gaspedal, und in wenigen Augenblicken hatten wir sie weit hinter uns gelassen und winkten und jubelten ihnen triumphierend zu.

Der Pfarrer trug Barbara sorgsam den Abhang hinauf und legte sie auf das Lager aus Farnkraut und Erika, das wir ihr bereitet hatten. Das Mittagessen war beinahe fertig - ein wahres Festessen, bestehend aus gebratenen Würstchen, in der Asche gebakkenen Kartoffeln, die aufgeschlitzt und mit Butter gefüllt waren, und einem Früchteauflauf von beachtlichen Ausmaßen, den Frau Davies zubereitet hatte. Den Abschluß bildete rauchiger Lagertee, wonach wir uns alle recht voll und faul fühlten. Wir lagen im warmen Gras herum, lutschten Bonbons, die Barbara gespendet hatte, und ließen uns von Frau Morton eine Geschichte vorlesen.

Doch schon bald wies Frau Thomas ängstlich nach dem andern Ende des Sees. Ein seltsamer weißer Nebel stahl sich, einer ausgestreckten, kalten Hand gleich, durch den Einschnitt zwischen den Hügeln und streute Nebelfetzen über die unteren Abhänge. Schon sah die Lärchengruppe, die den Eingang des Tales bewachte, verschwommen und gespenstisch aus, und über das Antlitz der Sonne kroch ein Schleier.

»Ich glaube, wir sollten aufbrechen«, sagte Frau Thomas. »Ich möchte nicht, daß Barbara sich erkältet. Vielen Dank für die wunderschönen Stunden!«

»O Mama«, bat Barbara, »noch fünf Minuten! Der Nebel kommt ja nur langsam näher, und ich muß Eliane unbedingt noch etwas sagen. Es dauert doch ganze zehn Tage, bis ich sie wiedersehe!«

»Gut, noch fünf Minuten. Ich schaue mir inzwischen mit Rosmarie und Robert das Kälbchen an.«

Peter, Janet und Johnny gingen mit dem schmutzigen Geschirr zum See hinunter, und ich legte mich neben Barbara ins Gras. Sie konnte kaum mehr an sich halten und begann ohne Umschweife:

»Weißt du noch, Eliane, was Frau Morton vom Betteln an der Tür und vom Hineingehen gesagt hat?«

»Ja, natürlich. Bist du hineingegangen, Barbara?«

»Ja, ich glaube ... Ich habe viel darüber nachgedacht. Und eines Abends, anstatt zu bitten: ›Mach meine Beine gesund!‹ habe ich gebetet: ›Darf ich hereinkommen und dein Eigentum sein?‹ Und von dem Tag an habe ich so ein Gefühl, daß ich glücklich werden kann, sogar wenn meine Beine krank bleiben. Ich habe Jesus gebeten, mich anders zu machen, damit ich nicht mehr so selbstsüchtig und mürrisch bin, und jetzt fällt mir andauernd etwas Neues ein, das ich tun könnte. Es macht mir richtig Spaß. Vorher habe ich nie solche Ideen gehabt, weil ich mir immer gesagt habe, für Krüppel gebe es nichts Schönes mehr zu tun. Ich kann nur fast nicht mehr warten, bis du heimkommst und mir dabei hilfst.«

»Was für Ideen sind das?« fragte ich voll gespannter Anteilnahme.

»Oh, wie ich Mama helfen oder andere Sachen für andere Leute machen kann. Oder ich passe auf, wie lange ich es aushalte, an den Aufgaben zu bleiben. Die Zeit reicht jetzt nicht, um dir alles zu erklären, aber ich denke immer über deinen Vers nach. Wenn es wirklich mein ›Weg des Lebens‹ ist, gelähmt zu bleiben, so sagt er doch, daß ich trotzdem glücklich sein kann, nicht wahr?«

»Ja«, bestätigte ich mit voller Überzeugung. »Freude die Fülle, überall, wenn wir nur mit Jesus auf dem Weg des Lebens gehen. Onkel hat es mir unzählige Male erklärt.«

In diesem Augenblick kam der Pfarrer, hob Barbara auf und trug sie zum Wagen. Unterwegs durfte sie einen Blick auf das Kälbchen werfen. Kurz darauf guckte Rosmarie, auf dem Gipfel der Seligkeit angelangt, mit leuchtenden Augen zwischen den Erwachsenen aus dem Auto hervor.

»Darf ich auf dem Trittbrett mitfahren bis zum Ende des Sees?« rief Peter und sprang auf.

»Ich auch!« schrie ich und hielt mich auf der andern Seite am Fenster fest. Zwei Minuten länger mit Barbara, das zählte!

Der Motor sprang an, und der Wagen fuhr langsam den See entlang. Lachend und schwatzend hingen wir daran, leicht fröstelnd auch, denn wir fuhren geradewegs in jenen schleichenden weißen Nebel hinein, der mit feuchtkalten Fingern nach uns griff. Ich bedauerte es nicht, als es Zeit war abzuspringen. Das würde ein richtiger Abend für Frau Davies' Küche und ihren gemütlichen Herdplatz werden.

Peter schaute sich um und meinte:

»In einem so dicken Nebel bin ich noch nie gewesen. Man sieht ja den See gar nicht mehr. Und dort kommt jemand den anderen Weg herunter. Schau, Eliane, ein Mann! Wo der wohl hingehen mag? Es kommen nicht viele Leute hier vorbei.«

Wir waren in den Schutz des hervorstehenden Felsens getreten, und unsere Stimmen wurden vom Nebel gedämpft. Der Mann konnte uns nicht sehen, aber wir sahen ihn gerade deutlich genug. Er trug einen Sack über den Schultern, in dem es wie von Büchsen klapperte. In dem Augenblick, da ich sein Gesicht sah, erkannte ich ihn. Ein Frösteln durchlief mich, das nichts mit dem Nebel zu tun hatte. Peter stand regungslos und nachdenklich neben mir. Auch er hatte einen Blick in jenes verstörte, bärtige Gesicht unter dem Schlapphut getan.

»Eliane, ist *er* es?« flüsterte er.

Ich nickte.

»Sicher?«

»Bombensicher.«

»In dem Fall gilt es, ihn diesmal zu erwischen!«

Peters Augen funkelten vor Abenteuerlust.

»Bei dem Nebel kann er uns nicht sehen, und wir können leicht dem komischen Geklapper folgen. Wir *müssen* ihn verfolgen, Eliane, und wissen, wo er hingeht. Komm!«

Es blieb mir nichts anderes übrig, als mitzugehen, denn ich war viel zu erschrocken, um allein zu den anderen zurückzukehren. Auch wollte ich Peter nicht im Stich lassen. So folgte ich ihm denn, zitternd vor Kälte und Furcht. Der Mann schlug nicht den Weg am See entlang ein. Er bog nach links ab und ging quer über die Anhöhe, was die Verfolgung schwieriger und gefährlicher machte, weil es da keine Bäume gab und wir in ziemlicher Entfernung von ihm gehen mußten. Wir konnten seine schlenkernde Gestalt gerade noch schwach erkennen. Trotzdem waren wir uns bewußt, daß er uns entdecken mußte, falls er sich umwandte.

Der Mann ging sehr rasch, denn er trug hohe Stiefel, in denen er mühelos über die Unebenheiten des Geländes stapfte. Für mich in meinen leichten Sandalen war es viel schwieriger, voranzukommen. Zweimal versank ich bis über die Knöchel in schwarzem Morast, und zu meinem Entsetzen schien Peter sich von mir zu entfernen. Ich durfte ihn nicht rufen, weil mich der Mann sonst gehört hätte.

Dichter, immer dichter wurde der Nebel. Die reinsten Wände baute er rings um uns auf. In wilder Furcht begann ich zu laufen, um Peter einzuholen, aber der Boden war trügerisch. Mein Fuß verfing sich in einem dichten Gewirr von Heidekraut, und ich fiel der Länge nach hin. Als ich mich aufrappelte, war ich ganz allein in einer weißen, lautlosen Welt. Peter und der Mann waren verschwunden.

Nun, sie konnten nicht weit sein. Wenn ich rannte, würde in

wenigen Augenblicken Peters breite Gestalt vor mir aus dem Nebel wachsen. Aber wir hatten ja keinen Weg unter den Füßen - und ich hatte die Orientierung völlig verloren! Je mehr ich lief, desto weiter entfernte ich mich vielleicht von Peter. Die Nacht würde kommen, und ich war mutterseelenallein - kein Mensch wußte, wo.

Es gab nur eine Möglichkeit: Ich mußte umkehren und versuchen, den Heimweg zu finden. Schlotternd und weinend setzte ich mich in Bewegung in der Richtung, aus der wir nach meiner Meinung hergekommen waren. Meine Schienbeine waren wund und zerkratzt, meine Kleider von Schmutz und Nebel durchtränkt - aber der See konnte nicht mehr fern sein! Wenn ich lange genug weiterging, *mußte* ich ja in die Talsenke kommen, wo ich am Bach entlang heimfinden konnte. Wenn nur der Pfarrer dagewesen wäre! Er hätte mich suchen können. Aber nun war er mit Rosmarie weggefahren. Kein Mensch konnte wissen, wann er heimkehrte. Bestimmt nicht vor Nacht. Sie waren ja erst nach drei Uhr weggefahren! Allerdings, was machte es bei diesem unheimlichen Nebel aus, ob es Tag oder Nacht war? Ich streckte meine Hand aus: Ich konnte sie kaum sehen.

Ich ging und ging und ging. Wahrscheinlich im Kreis. Ich war schon beinah zu müde, um den Schrecken meiner Lage ganz zu empfinden. Schließlich sank ich verzweifelt auf einen Stein und gab mich selbst als verloren auf. Etwas Neues, Seltsames schlich sich in die Beschaffenheit des Nebels ein: die Dunkelheit. Das gespenstische Weiß wandelte sich in Grau: Ich wußte, daß die Nacht sich über die Hügel senkte. Unklar fragte ich mich, was aus Peter geworden sei und versuchte mir vorzustellen, was ich nun tun sollte. Es hatte keinen Zweck, endlos weiterzustolpern. Aber wenn ich auf dem nassen Stein sitzenblieb, würde ich wahrscheinlich erfrieren. In Gedanken überflog ich die Ereignisse des Tages. Jahre schienen mir vergangen zu sein, seit ich auf dem sonnigen Hang neben Barbara gesessen hatte. Wovon hatten wir gesprochen?

»Du weist mir den Weg des Lebens . . .
bei dir ist Freude die Fülle.«

Es war nicht der Weg des Lebens, den ich in diesem Augenblick begehrte, sondern der Weg zurück ins Zeltlager. Zum erstenmal, seit ich mich verirrt hatte, vermochte ich meine Gedanken zu sammeln. Bis dahin war ich vor Angst und Kälte beinahe von Sinnen gewesen. Aber nun drang ein neuer Gedanke in mein erschöpftes Hirn: War der Herr Jesus wohl auch hier im Nebel bei mir? Stand ich vor ihm? Wenn ja, weshalb war ich denn so sehr erschrocken?

»Zeig mir den Weg, Herr Jesus!« hauchte ich. Und der Name allein erwärmte mir das Herz und gab mir Kraft und neuen Mut. Ich rappelte mich auf und begann wieder zu gehen, ohne zu wissen wohin, aber mit dem bestimmten Gefühl, geführt zu werden. Noch mächtiger als die feuchte, mich umschlingende Finsternis und die tiefe Einsamkeit war das Bewußtsein der Gegenwart des guten Hirten, der vor langer Zeit in die Berge hinausgewandert war, um ein verlorenes Schaf zu suchen. Wieviel mehr wird er sich jetzt um ein verlorenes Kind kümmern! Ein neuer Friede kam in mein Herz, und ich fühlte mich auf einmal geborgen.

Wieder ging ich endlos weiter. Manchmal rief ich, aber meine Stimme tönte so klein und schwach, daß ich es aufgab. Ich torkelte wohl schon im Halbschlaf vorwärts, als ich plötzlich hellwach wurde: Ich entdeckte, daß ich nicht mehr auf dem flachen, holperigen Moorland war. Ich stand auf einem steinigen Abhang. Unter mir rauschte fließendes Wasser. Ich hielt an und überlegte fieberhaft. Wahrscheinlich war ich in der Nähe des Baches, der zum See floß, und wenn ich mich zum Bach durchtasten konnte, würde ich auch den Heimweg finden können. Nur mußte ich aufpassen, daß ich nicht in den See fiel. Jedenfalls lohnte es sich, den Versuch zu machen. Ich wagte ein paar zaghafte Schritte und - stieß an einen Baum. Vorsichtig setzte ich einen Fuß vor den andern. Ja, das Rauschen schien immer lauter zu werden. Wie weit hinab ging's wohl noch? Die alte Furcht überfiel mich von neuem. Aber ich stieg weiter ab, jeden Fußbreit ertastend. Plötzlich blieb ich überrascht stehen. Der Boden fiel steil ab; Steine rollten unter mir weg. Ich tastete das Gelände mit den Händen ab - und begann zu erraten, wo ich mich in Wirklichkeit befand: in dem alten, verlassenen Steinbruch, nahe bei dem zerfallenen Haus mit den geschwärzten Mauern und hohlen Fenstern.

Mein Herz schien vor Entsetzen stillzustehen. Aber der Schreck ließ rasch nach. Wenn Johnny recht hatte, wohnte jemand in den Ruinen, und in diesem Augenblick war irgendwer besser als niemand. Ohne Zweifel, in solch einer Nacht würde sich jeder über ein verirrtes kleines Mädchen erbarmen und es nach Hause bringen. So kletterte ich weiter. Ich spürte, daß ein warmer Wind vom Tal heraufblies. Wer weiß, vielleicht würde er den Nebel vertreiben, so daß ich sehen konnte, wo ich war.

Ich starrte angestrengt in die Dunkelheit und konnte eine schwarze Wand vor mir erkennen. Vielleicht heftete ich den Blick allzu fest auf sie und vergaß, mich mit den Füßen vorwärts zu tasten. Jedenfalls begann ich plötzlich zu gleiten, und weil es ringsum nichts als lose Steine gab, glitt ich haltlos und immer rascher bergab. Das nächste, was mir zum Bewußtsein kam, war, daß ich halb im Wasser lag und daß mein rechtes Bein ganz verdreht war. Der Wind blies heftig. Der Mond schaute durch den Nebel, und vor mir erhoben sich die geschwärzten Mauern der Ruine.

Ich versuchte mich zu bewegen, aber vor Schmerzen wurde mir übel. Verzweifelt hielt ich die Hände an den Mund und rief:

»Hilfe! Hilfe! O bitte, helfen Sie mir!«

Gleichzeitig schrie ich in meinem Herzen zu dem, der - ich wußte es - noch immer nahe bei mir war:

»O Herr Jesus, ich kann nicht mehr weiter. Bitte sende mir jemand - *jetzt*!«

Das Echo schien meine Rufe weit ins Tal hinaus zu tragen. Ich hielt den Atem an und lauschte. Zuerst konnte ich nichts hören außer dem Rauschen von Wind und Wasser. Doch bald ertönte von der Ruine her das Geräusch schleppender Schritte. Ich schrie aufs neue:

»Hilfe! O bitte, helfen Sie mir!«

Der Schein einer Laterne drang aus dem Fenster, und die schadhafte Tür kreischte in den Angeln. Ohne Zweifel, es kam jemand, und wer es auch sein mochte, er kam als Antwort auf meinen Verzweiflungsruf. Gott hatte mich nicht im Stich gelassen. Er hatte mich an diesen seltsamen Ort geführt, und jetzt wurde ein anderer Mensch, langsam und stolpernd, zu mir hergeführt. Ich hörte, wie die Steine unter schweren Schuhen knirschten, wie Wasser aufspritzte, und dann knurrte eine Stimme, die ich schon einmal gehört hatte:

»Wer da?«

Warum liefen mir beim Klang dieser Stimme kalte Schauer den Rücken hinunter? Sie nahm mir den Atem und verschlug mir die Sprache. Im nächsten Augenblick wurde die Laterne über mir hochgehalten, und jemand schaute mir ins Gesicht. Und ich schaute in das seinige - ein verstörtes, krankes, bärtiges Gesicht, ein Gesicht, das ich kannte.

»Daß ich nicht lache!« sagte der Mann, nachdem wir uns eine Weile beim gespenstischen Schein der Lampe gegenseitig angestarrt hatten. »Sieht aus, als ob ich dich nicht abschütteln könnte, wie? Was hast du denn hier zu schaffen, sag!«

Ich brachte keinen Ton hervor. Ich war wie gelähmt vor Schreck. War das die Antwort auf mein Gebet? War ich diesem schrecklichen Einbrecher auf Gnade und Ungnade ausgeliefert? Ich konnte ihn nur anstarren, regungslos, wie ein Hase die Schlange anstarrt. Vielleicht ahnte der Mann, was ich empfand, denn er begann ganz sanft zu reden, und der wilde Blick wich aus seinen Augen.

»Nein, nein«, sagte er. »Du brauchst mich nicht so anzuschauen. Ich tue dir nichts. Du hast dich verletzt, nicht wahr?«

»Ja«, flüsterte ich mit ausgedörrten Lippen. »Ich glaube . . . ich glaube, mein Bein ist gebrochen.«

»Wirklich?« Er kniete neben mir nieder und musterte mich beim Schein der Laterne. »Ich werde dich ins Haus tragen, und dann mußt du mir sagen, wie du hierher gekommen bist.«

Ich schrie laut auf vor Schmerz, als er mich aus dem Bachbett hob, und klammerte mich an ihn. Er roch nach Bier, und mein Gewicht schien ihn stark zu ermüden, denn er atmetete schwer, während er mich zur Ruine trug. Sanft legte er mich auf eine Matratze. Obwohl die Laterne draußen geblieben war, war es nicht ganz dunkel im Raum, es war noch Glut in der Herdstelle.

Der Mann holte die Laterne. Er war völlig außer Atem und sehr blaß. Er setzte sich auf das untere Ende der Matratze und stützte den Kopf in die Hände. Nach einer Weile schaute er mich an und fragte:

»Was soll das heißen, daß du mir nachspionierst?«

»Ich habe nicht spioniert«, hauchte ich. »Ich . . . hab' nicht gewußt, daß Sie hier wohnen. Ich habe mich im Nebel verlaufen und bin in den Steinbruch gefallen.«

»Ihr seid mir gefolgt, du und der Junge, droben auf dem Moor.

Ich habe euch gesehen, bevor ihr mich gesehen habt. Der Bursche ist mir bis zum Wirtshaus gefolgt.«

Eine Welle des Zorns schien ihn zu packen, denn jäh ballte er die Faust gegen mich und rief:

»Ich könnte dich verschwinden lassen, hier auf der Stelle, wenn ich wollte!«

Aber beim Anblick meines Entsetzens schwand sein Zorn so rasch, wie er gekommen war, und er sagte beschwichtigend:

»Du brauchst dich nicht zu fürchten. Ich tue dir nichts zuleide, ich nicht. Hab' selber einmal ein kleines Mädchen gehabt. Sie ist schlecht geraten - Gott weiß, wo sie heute steckt. Aber einmal war sie ein unschuldiges Ding wie du. Nun, wenn du dich verlaufen hast, wird jetzt wohl jeder einzelne Polizist in der Gegend auf den Beinen sein, um dich zu suchen. Hast mich schön in die Klemme gebracht, wahrhaftig!«

Er starrte ins Leere, als besänne er sich, was er tun solle.

»Wenn Sie Herrn Morton von der Davies-Farm holen könnten«, wagte ich schließlich vorzuschlagen. »Ich verspreche Ihnen, ich würde nie, nie etwas sagen . . . Niemand würde wissen, daß ich Sie kenne.«

»Pah, dafür hat der Junge schon gesorgt«, entgegnete er barsch. »Ich habe sie gesehen, wie sie zusammen zum Polizeiposten gegangen sind, der Junge und dieser Pfaffe. Aber ich hab' gemeint, für *eine* Nacht sei ich hier noch sicher. Es war ein bißchen sehr dunkel, um auszureißen. Und überhaupt, wohin soll ich gehen? Ich bin fertig . . . am Ende . . . Wenn das schlechte Wetter kommt, bin ich besser aufgehoben im Gefängnis. Ist also einerlei.«

Er erhob sich, sah aber noch immer unschlüssig aus.

»Der Pfaffe wird jetzt nicht zu Hause sein«, sagte er. »Der ist draußen und sucht dich. Aber du mußt erst einmal aus den nassen Kleidern heraus. Dann geh' ich zum See hinauf und schaue mich ein bißchen um. Ich glaube, es will regnen. Je eher ich gehe, desto besser.«

Zart wie eine Mutter half er mir aus den Kleidern und wickelte mich in eine warme, weiche Decke, die sich später als eine von

Frau Thomas' schönsten Kamelhaardecken entpuppte. Aber davon merkte ich im Augenblick nichts. Das einzige, was mich beherrschte, war der Schmerz in meinem Bein.

»Bis auf weiteres!« sagte der Mann, als er mich so bequem als möglich hingelegt hatte. »Und leg ein gutes Wort für mich ein, wenn sie mich festnehmen. Denk daran, daß ich mein möglichstes für dich getan habe!«

Ich verstand nicht, was er meinte, aber ich murmelte einen Dank und blieb in der Dunkelheit allein, die Augen auf das Pünktchen glühender Asche gerichtet. Ich fürchtete mich nicht mehr vor dem Mann. Wenn er ein Einbrecher war, so war er wenigstens ein freundlicher Einbrecher, und ich wünschte ihm keine Gefängnisstrafe. Aber ich begriff, daß er sich selbst preisgab, indem er mir half, und das tat mir schrecklich leid.

Ich weiß nicht, wie lange ich dösend dalag, nur der Schmerzen bewußt und des Sturmes, der nun draußen tobte. Glücklicherweise war die Ecke, in der ich lag, geschützt und trocken, aber der Wind pfiff durch die Ritzen in der Mauer, und meiner fiebrigen Phantasie kam es vor, als wolle der rauschende Bach mich wegtragen. Ich fror und schwitzte abwechselnd und wußte nicht recht, wo ich war. Manchmal wähnte ich mich noch immer draußen auf dem Moor, wo ich mich durch den Nebel kämpfen mußte. Manchmal meinte ich, ich sei in London und hörte meine eigene Stimme nach Frau Moody rufen, damit sie mir ein Glas Wasser bringe. Meine Kehle war ausgetrocknet und ich selbst verloren in tiefer Finsternis.

»Du zeigst mir den Weg ... vor dir ist ...« Wer sagte das? Niemand, es war der Schluß meines Angsttraumes. Ich hatte die Gegenwart meines Heilands vergessen, aber er war noch immer da. Plötzlich war ich mir klar bewußt, daß ich keinen Augenblick alleingeblieben war. Der Regen prasselte herab, die Nacht war rabenschwarz, aber die Liebe Gottes war um mich wie Licht. »Freude die Fülle«, murmelte ich, »ich habe kein bißchen Angst mehr ... und ich glaube, es kommt jemand.«

Ich spitzte die Ohren. Durch das Rauschen des Regens und des Baches konnte ich Männerstimmen vernehmen, und gleich darauf drang der kräftige Schein einer Sturmlaterne durch das Fenster. Die alte Tür kreischte, Stiefel polterten über den rohen Boden, und im nächsten Augenblick war der Raum voller Licht. Der Pfarrer stand da, beinah so bleich und verstört wie der Mann, der ihm folgte.

»Eliane, mein armes Kind!« rief er und kniete neben mir nieder. »Gott sei Dank, daß ich dich gefunden habe! Hast du dich verletzt, mein Liebes? Kannst du's mir sagen?«

Ich nickte.

»Mein Bein. Und ich habe Durst. Wasser, bitte!«

Schon hatte er sich den Rucksack von der Schulter geschwungen und ihm warme Kleider, Eßwaren und eine Thermosflasche mit Tee entnommen. Ich mochte nichts essen, aber der Tee war wunderbar und auch das Gefühl trockener Kleider. Ich tastete nach der Hand meines großen Freundes und schloß die Augen. Nun, da er hier war, wünschte ich nichts weiter, als einzuschlafen. Draußen wütete der Sturm; es blieb ohnehin nichts anderes übrig, als bis zum Morgen hierzubleiben.

Ich schlief unruhig. Die Schmerzen weckten mich immer wieder. Dann betrachtete ich schläfrig die beiden Männer. Sie hatten die Glut zu heller Flamme entfacht und saßen davor. Ich hörte den Pfarrer sagen:

»Sie werden immer ein gehetzter Mensch bleiben, selbst wenn es Ihnen gelingt, hier herauszukommen. Bringen Sie die Sache doch hinter sich! Man ist Ihnen auf der Spur, und wenn man Sie auf der Flucht erwischt, ist es schlimmer für Sie. Wenn Sie sich selbst stellen, wird man nachsichtig sein. Und ich werde zu Ihnen stehen und erzählen, was Sie für unser kleines Mädchen getan haben.«

Der Mann murmelte etwas, das ich nicht verstehen konnte. Es klang völlig hoffnungslos. Daraufhin sprach der Pfarrer eindringlich weiter:

»Aber ich werde nachher auf Sie warten. Es wird nicht wie andere Male sein, ohne Möglichkeit, neu anzufangen und ohne einen einzigen Freund in der Welt. Ich werde Arbeit für Sie finden und einen Ort, wo Sie hingehen können. Meine Frau und ich werden es Ihnen nie vergessen, was Sie in dieser Nacht für uns getan haben. Bringen Sie's hinter sich, Mann, und fangen Sie neu an! Sie sind hungrig, nicht wahr? Da, nehmen Sie ein Brot!«

Ich sank in unruhigen Schlaf zurück, und als ich die Augen wieder aufschlug, stahl sich fahles Licht in den armseligen Raum. Es hatte aufgehört zu regnen. Der Mann lag in tiefem Schlaf auf dem Boden vor dem Feuer. Der Pfarrer saß vornübergebeugt da und wachte über uns beiden.

Sobald er merkte, daß ich mich bewegte, erhob er sich mühsam und beugte sich über mich. Er sah vor Müdigkeit und Besorgnis ganz erschöpft aus. Aber er hielt frischen heißen Tee für mich bereit. Er flößte mir wie ein kleines Kind davon ein. Mein Kopf war so heiß und schwer, daß ich ihn kaum zu heben vermochte. Dann schob er die Decke zurück, befühlte sorgfältig mein Bein und sagte:

»Ich glaube, es ist gebrochen, Eliane. Wir werden einen Krankenwagen mit einer Tragbahre holen müssen.«

Inzwischen war das Tageslicht so hell geworden, daß es mich schmerzte. Ich schloß die Augen. Was daraufhin geschah, ist mir nur noch undeutlich in Erinnerung. Jedenfalls saß später Frau Morton neben mir, und Herr Morton war verschwunden. Dann waren auf einmal eine Menge Leute in der Ruine, und ich spürte einen stechenden Schmerz, als man mich auf eine Tragbahre hob. Ich merkte, daß ich zu Tal getragen wurde, denn ich wurde gerüttelt und geschüttelt. Ich fühlte Sonnenstrahlen auf meinem Gesicht und die Feuchtigkeit des Waldes rings um mich. Dann fuhren wir alle in einem Wagen, aber ich war zu müde, um zu fragen, wohin. Ich hörte zwar hier und da meine eigene Stimme etwas sagen, aber sie tönte fremd wie die Worte, die sie sprach. Ich merkte, daß ich in ein Haus getragen wurde und daß Krankenschwestern mich umringten. Ich streckte dauernd die Hand aus, um mich zu vergewissern, daß Frau Morton noch da war. Sie war es immer, und ich fragte mich, was sie zu Hause ohne sie machten. Dann spürte ich einen Stich im Arm - und wußte lange nichts mehr von mir.

Später erfuhr ich, daß ich schwerkrank gewesen war. Mein

Bein war gebrochen. Überdies waren die langen Stunden, die ich in nassen Kleidern in der Kälte verbracht hatte, der Sturz und die Angst über meine Kräfte gegangen. Fast eine Woche lang schwebte ich zwischen Leben und Tod. Hin und wieder war ich mir stechender Schmerzen in der Brust bewußt und rang nach Atem. Aber meist träumte ich und hatte keine Ahnung, wo ich war. Manchmal ging ich in dichtem, weißem Nebel zwischen schwarzen Felsen in der Irre; manchmal fiel ich hinunter, hinunter in bodenlose Finsternis, und schrie laut. Dann waren immer ausgestreckte Hände da, die mich festhielten, und liebe, starke, zärtliche Gesichter, die sich über mich beugten. Einmal war es Herr Morton, ein andermal Frau Morton, und manchmal hörte ich sie über dem Rauschen des Wassers und der hohlen Finsternis Worte sprechen, die Lichtern glichen und mich nach Hause führten.

»Der Herr ist mein Hirte, mir wird nichts mangeln . . . Und ob ich schon wanderte im finsteren Tal, fürchte ich kein Unglück, denn DU bist bei mir . . .«

Einmal erwachte ich aus einem schrecklichen Traum und sah Janets Gesicht über mir, bleich und tränenüberströmt, und hinter ihr, in den großen Fenstern des Krankensaals, den leuchtenden Abendhimmel. Einen Augenblick konnte ich klar und vernünftig denken und fragte:

»Warum weinst du, Janet? Muß ich sterben?«

Sie faßte meine Hand und drückte sie an ihre feuchte Wange. Die arme Janet! Sie konnte sich nicht verstellen oder auch nur ein bißchen die Wahrheit beschönigen. Darum antwortete sie:

»Ich weiß nicht, Eliane. Sie sagen, vielleicht. Aber du brauchst dich nicht zu fürchten. Du würdest ja geradewegs zu Jesus gehen.«

Die Tränen kamen ihr wieder, und ich spürte, wie sie über meine Hand rannen. Ich starrte an ihr vorbei in den rotgoldenen Himmel. Er sah aus, als hätte Gott seine Tore weit geöffnet und ließe etwas von seiner Herrlichkeit durchschimmern.

»Natürlich nicht«, sagte ich und rang nach Atem, um es ihr klarzumachen. »Freude die Fülle . . .« Und schon schlossen die

Nebel mich wieder ein, und ich fiel in Schlaf. Ich wußte nicht, daß man gerade an diesem Tag am meisten um mein Leben bangte und daß Janet auf ihre inständige Bitte hin ein paar Minuten an meinem Bett wachen durfte.

Später waren die gewohnten Gesichter alle verschwunden, nur eines blieb die ganze Zeit da: das Gesicht meiner Mutter. Erst kannte ich es kaum. Es war nicht ihr gewohntes hübsches, sorgfältig zurechtgemachtes Gesicht, sondern ein blasses, angstverzerrtes Antlitz mit dunklen Ringen unter den Augen. Wenn ich in meinen Träumen aufschrie, griff sie nach meiner Hand, und ich fühlte, daß ihre Angst beinahe ebenso groß war wie die meinige. Es war, als hätten wir uns beide miteinander im Nebel verlaufen, und ich sehnte mich nach den Worten, die wie Lichter gewesen waren, um mich heimzuführen. So folgte Nacht auf Tag und Tag auf Nacht. Ich träumte, schrie, erwachte und träumte wieder.

Einmal aber erwachte ich wirklich und wußte, daß ich nicht mehr träumte. Es muß sehr früh am Morgen gewesen sein, denn die Lampe der Nachtwache brannte noch. Ich hob den Kopf, und die Krankenschwester kam sofort auf mich zu.

»Wo ist meine Tante?« fragte ich. Sie konnten doch nicht alle weggegangen sein und mich alleingelassen haben!

»Deine Mutter ist hier, Kind«, sagte die Schwester freundlich. »Sie schläft nebenan. Ich will sie gleich holen.«

Gleich darauf war Mama an meiner Seite. Sie hatte einen Morgenrock um und sah alt, müde und angsterfüllt aus. Ich hatte das seltsame Gefühl, daß nun Mama im Nebel verirrt sei und daß ich die Hand ausstrecken müsse, um sie nach Hause zu bringen.

»Hallo, Mama«, sagte ich ruhig. »Es geht mir besser. Bist du gekommen, weil ich krank bin?«

»O mein Liebling!« stammelte meine Mutter, schlang die Arme um mich und brach in Tränen aus. »Geht es dir wirklich besser? Ich dachte, ich müßte dich verlieren, und ich hatte solche Angst um dich!«

Ich lag still und überlegte. Mein Bein, das eingegipst war, schmerzte noch, aber im übrigen fühlte ich mich wunderbar kühl und leicht. Nur das, was im Leben einzig wichtig ist, stand übergroß und fast in greifbarer Wirklichkeit vor mir. Alles andere zählte nicht. Ich war noch zu krank, um mich vor irgendwem zu scheuen. Darum antwortete ich:

»Ich habe keine Angst gehabt. Ich wäre zu Jesus gegangen und zur Fülle der Freuden. Aber nun werde ich statt dessen gesund. Bitte, gib mir zu trinken, Mama. Ich habe schrecklichen Durst.«

Die Krankenschwester kam mit Tee und Keksen für meine Mutter. Sie maß meine Temperatur und schien hocherfreut zu sein. Sie war hübsch, hatte gelocktes Haar und gefiel mir sogleich. Meine Mutter gab mir aus einer Schnabeltasse zu trinken. Ich hatte Lust zu essen und nahm zwei Kekse. Dann fühlte ich mich erschöpft, aber noch immer leicht, kühl und voller Frieden. Ich hielt die Hand meiner Mutter fest und sah zu, wie die Dämmerung eines schönen Sommertages durchs Fenster kroch. Die Nachtschwester löschte die Lampe, und die Vögel im Krankenhausgarten fingen an zu singen.

Ich war über den Berg und erholte mich rasch. Meine Mutter fand es an der Zeit, an ihre Arbeit zurückzukehren. An dem Morgen, da sie verreisen wollte, brachte ich zum erstenmal das Thema »Weihnachtsferien« zur Sprache. Meine Mutter erklärte:

»Ich werde Frankreich im November verlassen, und natürlich werde ich sogleich für ein Wochenende zu dir kommen. Dann wird es nur noch ein paar Wochen dauern, bis du endgültig nach Hause kommen kannst. Ich bin bereits auf der Wohnungssuche, und über Weihnachten nehme ich mir vierzehn Tage frei. Wie schön wird es sein, einander wiederzuhaben!«

Ich lag regungslos. Ich mochte meiner Mutter nicht weh tun, aber irgendwie mußte ich ihr doch verständlich machen, daß mein Heim jetzt hier auf dem Lande war, bei Janet und Barbara und den andern allen. Ich *konnte* nicht nach London zurückkehren und dort bleiben. Aber wie sollte ich ihr das erklären? Weil ich noch so schwach war, füllten sich meine Augen mit Tränen, und meine Lippen bebten.

Meine Mutter sah mich unverwandt an und wurde rot. Ein langes, unbehagliches Schweigen legte sich zwischen uns.

»Magst du nicht gern heimkommen?« fragte sie schließlich, und ihre Stimme hatte einen metallenen Klang. »Möchtest du lieber über Weihnachten bei den Pfarrersleuten bleiben? Sie scheinen dich ja sehr ins Herz geschlossen zu haben. Du kannst auf jeden Fall machen, was du willst.«

Das war die Gelegenheit, auf die ich gewartet hatte. Doch irgend etwas hinderte mich, sie zu ergreifen. Ich wußte nicht recht, ob meine Mutter ärgerlich oder betrübt war. Jedenfalls war ich zu erregt, um Erklärungen geben zu können. Ich spielte nervös mit dem Bettuch und sah sie unglücklich an.

»Du mußt nur sagen, was du willst«, fuhr meine Mutter fort. »Es kommt einzig auf dich an.«

»Ich . . . ich weiß nicht«, stammelte ich. »Ich will Tante fragen. Ich sag's dir später, Mama.«

»Gut«, erwiderte sie kühl. »Aber entschließe dich bald. Ich muß vorausplanen, so gut wie du.«

Sie warf einen Blick auf ihre Uhr und gähnte.

»Es wird Zeit, daß ich aufbreche. Leb wohl, Liebling, und werde mir schnell gesund. In ein paar Wochen sehen wir uns wieder.«

Sie küßte mich flüchtig und wandte sich zum Gehen. An der Tür wurde sie von der Schwester angehalten, so daß ich ihr Gesicht nochmals zu sehen bekam: Sie weinte. Da verkroch ich mich unter meine Decke und schluchzte haltlos. Als ich mich beruhigt hatte, überlegte ich:

»Ich werde Tante bitten, es ihr zu erklären. Sie wird es so sagen können, daß Mama es versteht.«

Damit tröstete ich mich. In der Folge wurde ich von Tag zu Tag kräftiger. Eines Morgens meinte der Arzt so nebenbei, eigentlich könnte ich jetzt nach Hause gehen. Die Schwester gab der Tante Bescheid, sie solle mich am folgenden Tag nach dem Mittagessen abholen.

Nie werde ich diesen Tag vergessen.

Nach dem Frühstück durfte ich selbst meine Sachen packen und hopste dann mit meinem Gipsbein von einer Patientin zur andern, um mich zu verabschieden. Daraufhin ließ ich mich auf einem Lehnstuhl nieder. Ich war viel zu aufgeregt, um mein Mittagessen genießen zu können, und hielt die Augen auf die Wanduhr geheftet, bis es halb drei Uhr war. Von da an heftete ich sie auf die Tür, und schließlich kam die Ewigkeit des Wartens zum Abschluß, denn Janets rosiges Gesicht lächelte zur Tür herein, und hinter ihr erschienen Frau Morton und Peter, alle fast so aufgeregt wie ich.

Die Krankenschwester begleitete mich zum Wagen und winkte, als wir wegfuhren. Endlich rollten wir durch das Tor, hinaus in eine Welt, die ich beinahe einen Monat lang nicht mehr gesehen hatte. Bald fuhren wir über offenes Land. Ich wußte nicht, daß das goldene Etwas, das in der Luft hing, der erste Vorbote des Herbstes war. Aber es fiel mir auf, daß die Hügel gelblich getönt waren, die Vogelbeerbäume voller Beeren hingen und überall in den Gärten Dahlien in flammenden Farben blühten. Die Welt kam mir neu vor, und ich selbst war ein neues Kind, neu in all ihre Schönheit und Freiheit hineingeboren.

Der Pfarrer, Emma, Johnny, Rosmarie, Robert, Anne und Nero standen allesamt am Gartentor unter einem riesigen weißen Banner, auf dem in ungelenken roten Flanell-Buchstaben »Willkommen daheim« prangte. Das Getöse der Begrüßung war ohrenbetäubend. Aber irgendwie kamen wir doch alle durchs Tor, und ich wurde von vielen liebreichen Händen und Händchen über den Gartenweg und durch die Haustür geleitet. Im Eßzimmer wartete eine weitere Überraschung auf mich. Der Tisch war wie für eine festliche Einladung gedeckt, und das Zimmer war voll roter Spätrosen. Auf dem Sofa am Fenster aber lag Barbara, und neben ihr saß ihre Mutter. Das Taxi, mit dem ich geholt worden war, hatte zuerst Barbara hergebracht, denn sie mußte an diesem großen Tag mit dabeisein.

Es wurde ein wundervolles Fest - schöner noch als Weihnachten, fand Johnny. Es gab Schinkenbrote, Schokoladenkekse, Fruchtsalat und einen gewaltigen Kuchen, von Emma gebacken, von Janet glasiert und von Rosmarie mit »Willkomm für Eliane« aus Silberkügelchen beschriftet. Wir redeten ununterbrochen, denn es gab unendlich viel zu berichten. Peter war damals für seinen Anteil an meinem Unfall scharf gerügt worden und mochte nicht gern auf jene Nacht zurückkommen. Aber schließlich willigte er doch ein, mir zu erzählen, was er seinerseits erlebt hatte. In der Annahme, ich sei ganz einfach umgekehrt, war er weiter über das Moor geschlichen und hatte sein Opfer immer in Hörweite behalten. Er hatte den Mann verfolgt bis hinunter zu einem kleinen Weberdorf an der Hauptstraße, wo er eine Wirtschaft betrat. Aber Peter ließ sich nicht abschütteln, und während er dort herumstrich, wurde er von seinem Vater, der sich auf dem Heimweg befand, aufgegriffen. Zusammen begaben sie sich zum Polizeiposten und erstatteten dem Polizeichef Bericht. Dieser versprach, sich der Sache anzunehmen. Er kannte den Mann als heruntergekommenen Kesselflicker, der sich durch Löten alter Pfannen und Töpfe auf abgelegenen Bauernhöfen durchzuschlagen suchte. In letzter Zeit hatte man bereits ein Auge auf ihn gehabt, ohne jedoch etwas Gewisses gegen ihn vorbringen zu können.

Dann erzählte der Pfarrer, wie der Mann durchaus die Möglichkeit gehabt hätte, rechtzeitig zu entkommen, wenn er sich nicht aufgemacht hätte, um Hilfe für mich zu holen. Er hatte den Pfarrer gefunden, wie er am Eingang des Tales nach mir suchte und rief. Während ich schlief, hatten die beiden Männer die ganze Nacht am flackernden Herdfeuer gesessen und eingehend alles besprochen. Der Mann hatte seine ganze jämmerliche Geschichte erzählt. Er war ein unerwünschtes Kind gewesen, von einem Trinkervater aufgezogen, und war früh auf Abwege geraten. Er hatte sich verheiratet, aber seine Frau hatte ihn im Stich gelassen und das einzige Wesen, an dem er je gehangen hatte, mit sich genommen: eine kleine Tochter. Er war schon einmal im Gefängnis gewesen und krank, arbeitslos und ohne einen Menschen, der sich um ihn kümmerte, wieder herausgekommen. Seither war sein Leben nichts als ein bitterer, trostloser Kampf ums Dasein, den er sich mit gelegentlichen Diebstählen zu erleichtern suchte. Als er mit dem Pfarrer sprach, hatte er genug von allem und war willig, sich der Polizei zu stellen. Er machte kein Hehl aus dem Einbruch. Das Silber hatte er verkauft, aber die Wolldecken waren noch da. Er hatte sie um mich gewickelt.

Der Pfarrer war ihm vor Gericht beigestanden. Vorige Woche nun war der Mann zu drei Monaten Gefängnis verurteilt worden. Er hatte das Urteil ruhig auf sich genommen, wußte er doch: Diesmal hatte er einen Freund, der zu ihm stehen und ihn erwarten würde, wenn die Gefängnistüren sich wieder öffneten. Der Pfarrer hatte versprochen, ihm während dieser Zeit jede Woche einmal zu schreiben und ihn einmal im Monat zu besuchen. Er bemühte sich bereits darum, eine anständige Stelle und einen verständnisvollen Arbeitgeber für ihn zu finden.

Im Geiste sahen wir das arme, ungeliebte Kind vor uns, den einsamen, hungrigen Mann, wie er durchs Land strich, den verzweifelten Häftling in seiner Zelle. Vermutlich war in diesem Augenblick jeder von uns von Herzen dankbar, daß Gott unser Leben so reich mit Liebe, Güte und Geborgenheit gefüllt hatte.

Mein Blick streifte all die munteren, gesunden Kinder, das gute Essen, die hübschen Kleider, die goldene Abendsonne, die zum Fenster hereinströmte, und die Frage stieg in mir hoch: »Weshalb hatten *wir* so viel Gutes empfangen? Warum nicht alle?«

In diesem Augenblick erkundigte sich Emma mit einem Seitenblick auf die Uhr, ob sie eigentlich etwas zum Abendessen kochen solle oder nicht. Wir beschlossen, daß wir einfach mit Teetrinken fortfahren wollten. Daraufhin war ich an der Reihe, meine Erlebnisse zu berichten, und das waren die aufregendsten von allen.

Wahrscheinlich hätten wir die ganze Nacht weitergeplaudert, wenn Tante nicht plötzlich aufgesprungen wäre und behauptet hätte, ich sei bereits viel zu lange aufgewesen und müsse unverzüglich zu Bett gehen. Die ganze Gesellschaft stellte sich unten an der Treppe auf, um mich mit meinem Gipsbein hinaufturnen zu sehen, so daß das letzte, was ich sah, ein Meer von lachenden Gesichtern und winkenden Händen war. Erst als ich im Schlafzimmer ankam und aufs Bett sank, merkte ich, wie müde ich im Grunde war.

Tante half mir beim Auskleiden und ging dann hinunter, um mir einen letzten heißen Trunk zu besorgen. Es war wunderschön, wieder in meinem kleinen Zimmer zu sein und zu wissen, daß morgen beim Erwachen Janet neben mir liegen würde. Und die Birken würden durch das weit offene Fenster hereingrüßen! Doch da war wieder jener beunruhigende Gedanke: »Wie, wenn ich das alles verlassen müßte? Wenn ich nach London zurückkehren müßte?« Nein, ich wollte nicht weggehen. Hier war mein Zuhause, und Mama hatte ja gesagt, die Entscheidung liege bei mir. Ich mußte die Sache endlich ins reine bringen.

Als dann Frau Morton sich zu mir auf den Bettrand setzte, während ich meine Ovomaltine trank, verkündete ich unvermittelt:

»Tante, ich will nie mehr nach London zurückkehren. Ich will hier bei euch bleiben, Weihnachten mit euch feiern und weiter mit Janet zur Schule gehen. Kannst du es Mama sagen? Sie hat gesagt, ich dürfe machen, was ich will. Sie würde oft herkommen und mich besuchen.«

Zu meiner Verwunderung sah Frau Morton bekümmert aus. Mir schien jetzt alles klar und einfach zu sein. Doch sie antwortete:

»Ich kann ihr das nicht sagen. Wenn du wirklich hierbleiben möchtest, müßt ihr das untereinander ausmachen. Natürlich möchten wir dich nur allzugern behalten, und wir werden dich sehr vermissen. Aber du mußt bedenken: Du bist alles, was deine Mutter hat. Hast du dir je überlegt, wie einsam sie ohne dich sein müßte?«

Ich schwieg. Nein, an diese Seite der Angelegenheit hatte ich kaum gedacht. Dazu war mir meine eigene Seite viel zu wichtig.

»Es ist nicht nötig, daß wir uns schon heute entscheiden«, sagte Frau Morton ruhig. »Wir müssen in Ruhe darüber nachdenken. Vergiß deinen besonderen Vers nicht! Der Herr Jesus weiß bereits den besten Weg für dich. Bitte ihn, dir klar und deutlich zu zeigen, wohin er führt, denn nur, wenn du auf diesem Weg gehst, wirst du Freude die Fülle finden.«

Sie küßte mich und ließ mich allein. Ich vergrub das Gesicht in die Kissen und betete. Aber ich bat nicht, daß mir der Weg ins Leben gezeigt werde, sondern flehte: »Bitte, bitte, laß mich hierbleiben, weil ich in London niemals glücklich sein kann!«

Der Herbst war wunderbar mild, und ich kam erstaunlich rasch wieder zu Kräften. Anfang Oktober wurde der Gips entfernt, und ich durfte die Schule wieder besuchen. Die Buchen waren inzwischen goldbraun geworden, und wir wühlten mit den Füßen im Herbstlaub. An ihren roten Stauden wurden die wilden Brombeeren reif. Wir leerten die Hecken an unseren freien Samstagen. Emma machte pfundweise Brombeeren ein, und Peter legte eine Früchte- und Beerensammlung für sein Museum an.

Ich konnte wieder zu Barbara gehen und freute mich stets darauf. Welch große Veränderung war doch mit ihr geschehen! Seit jener Nacht, da sie in aller Stille zu Jesus gekommen war und ihn gebeten hatte, ihr zu vergeben und sie als sein Eigentum anzunehmen, lehrte er sie, daß das wahre Glück darin besteht, andere glücklich zu machen und zu geben, anstatt zu nehmen. Tag für Tag bat sie ihn tapfer, ihr mürrisches, selbstsüchtiges Wesen wegzunehmen. Und je mehr sie sich so an Jesus klammerte, desto mehr verschwanden tatsächlich ihre schlechte Laune und ihr Selbstmitleid. Sie lernte jetzt auch eifrig stricken und fragte sich beständig, was sie für andere tun könnte. Der Pfarrer besuchte sie öfter und berichtete ihr allerlei aus der Gemeinde. Sie hatte begonnen, Höschen für die Neugeborenen zu stricken und für kranke oder traurige Menschen Bibelsprüche zu zeichnen. Ihre Mutter war beglückt über diese Verwandlung und brachte sie zu meiner Verwunderung mit mir in Zusammenhang.

An einem kühlen, hellen Tag gegen Ende des Monats saß ich auf Barbaras Fensterbrett und unterhielt mich mit ihr. Die Blumenbeete standen voller Herbst- und Winterastern. Der kleine Kirschbaum an der Mauer glühte wie eine Flamme. Da fragte Barbara plötzlich:

»Wann kehrst du zu deiner Mutter nach London zurück, Eliane?«

Die alte Furcht sprang in mir hoch. Ja, der November nahte mit Riesenschritten, und Mama würde bald nach England kommen. Aber es würde schon alles gut werden. Sie hatte mir ja erlaubt zu machen, was ich wollte! Deshalb antwortete ich:

»Ich gehe nicht zurück. Mama hat gesagt, ich könne selber entscheiden. Ich bleibe da. In London könnte ich niemals glücklich sein.«

Barbaras helle Augen, die manchmal soviel mehr zu sehen schienen, als mir lieb war, musterten mich scharf. Ihre Stimme klang erstaunt und etwas geringschätzig, als sie ausrief:

»Da soll einer klug werden aus dir! Du hast gesagt, wenn ich dem Herrn Jesus gehöre, könne ich auch mit gelähmten Beinen glücklich sein, und ich habe es dir geglaubt. Und jetzt behauptest du, du könntest in London nicht glücklich sein. Gelähmte Beine sind doch viel schlimmer als London!«

Die Worte trafen mich wie Hiebe. Ich fand keine Antwort darauf. Deshalb suchte ich nach einer Ausrede und stammelte:

»Aber wenn ich nach London gehe, ist doch niemand mehr da, der mir helfen kann, Jesus nachzufolgen. Meine Mutter weiß nicht viel von der Bibel.«

»Meine auch nicht«, sagte Barbara kurz. »Aber sie ist überglücklich, daß ich aufgehört habe, so launisch zu sein, und ich habe ihr gesagt, das komme davon, weil ich jetzt Jesus kenne. Nun findet sie, die Bibel müsse ein sehr gutes Buch sein, und liest sie oft mit mir ... Aber trotz allem, Eliane, ich hoffe fest, daß du nicht weggehst. Du würdest mir so schrecklich fehlen!«

»Nun, es ist noch nichts Bestimmtes abgemacht«, sagte ich langsam und erhob mich. Neue Gedanken stürmten auf mich ein; ich mußte allein sein und alles gründlich überdenken. Ich verabschiedete mich hastig, aber ich ging nicht nach Hause. Ich stieg zur Lämmerweide hinauf und ließ mich zu Füßen einer gewaltigen Buche nieder. Das Kinn in die Hände gestützt, schaute ich über das Land hinaus.

Ich konnte weit sehen. Gerade unter mir stand der bunte Wald, und dahinter dehnten sich braune, frisch gepflügte Felder aus. Herr Jones schritt hinter seinen Pferden her und zog die letzten Furchen für diesen Tag. Möwen stießen hinter ihm auf und nieder. Da und dort stiegen in der Nähe der Bauernhöfe Rauchspiralen auf. In der Ferne lag ein schillernder Strich: das Meer. Und über allem wölbte sich ein durchsichtiger Abendhimmel. Wie sehr hatte ich dieses weite, fruchtbare Land lieben gelernt. Wie konnte ich es verlassen?

Ich wandte mich um und schaute in die andere Richtung. Die fernen Hügel schienen heute abend ganz nah zu sein, ja auf dem einen konnte ich einen einsamen Pfad erkennen, der in Windungen über Steine und zwischen gelben Stauden bergan kletterte. Er schien mir bis auf die Höhe des Grates zu führen und sich dort im Sonnenuntergang zu verlieren. Bei diesem Anblick ging mir alles, was ich je über meinen Vers gehört hatte, durch den Sinn: »Du zeigst mir den Weg des Lebens ...« den Weg, den Jesus sich für mich ausgedacht hat ... »Bei dir ...« wenn ich nahe bei Jesus bin, ja, wenn ich Hand in Hand mit ihm auf diesem Weg gehe ... »ist Freude die Fülle«. In mir tönte Barbaras spöttische Stimme nach: »Du behauptest, du könntest in London nicht glücklich sein!«

»Herr Jesus«, flüsterte ich inbrünstig, »zeige mir den Weg! Ich möchte ihn wirklich wissen.«

Während ich auf die Antwort wartete, kam mir meine Mutter in den Sinn - meine hübsche, gescheite, welterfahrene Mutter, die nach Frankreich ging, Einladungen gab, in Flugzeugen umherreiste und immer wußte, was tun und wie tun. Wie war sie doch im Krankenhaus so voller Angst gewesen! Ich sah noch ihr erschrecktes Gesicht vor mir und hatte wieder jenes seltsame Gefühl, daß Mama im Nebel verirrt war und ich die Hand ausstrekken und sie nach Hause führen mußte. Sie hatte sonst niemand, der das tun konnte. Die Mortons hatten einander, aber Mama hatte nur mich.

Ich schaute nochmals zu jenem Pfad hinüber. Es war jetzt weniger hell, ich konnte nicht mehr sehen, wohin er führte. Aber der Friede einer blauen Dämmerung lag darüber, und bald würden die Sterne darauf herabscheinen.

Ich stand auf und ging, noch immer leicht hinkend, bergab. Über das Feld kamen mir zwei Gestalten entgegen. Frau Morton hielt Ausschau nach mir, und das Dickerchen Anne trippelte neben ihr her.

»Es ist ein Brief von deiner Mutter gekommen«, sagte Frau Morton zögernd. »Sie kommt am Samstag selbst, um das weitere mit dir zu besprechen.«

Ich blickte zu ihr auf, und mit dem Frieden völliger Gewißheit sagte ich:

»Ich bin froh, daß sie kommt. Ich werde zu Weihnachten nach London zurückkehren, um bei ihr zu bleiben.«

Einen Augenblick schwiegen wir beide. Vielleicht erwartete Frau Morton eine Erklärung, aber ich hatte nichts weiter zu sagen. Schließlich fragte sie sanft:

»Hast du's herausgefunden? Ist das dein ›Weg des Lebens‹?«

Ich nickte.

»Dann wirst du Freude die Fülle finden.«

Damit bückte sie sich und nahm Anne auf den Arm. Hand in Hand schritten wir über die nun dunklen Felder dem Pfarrhaus zu, dessen Fenster uns den warmen Schein seiner Lampen entgegensandten.

Weitere Bücher von Patricia St. John in unserem Verlag

Spuren im Schnee
216 Seiten, 25 Zeichnungen
ab 8 Jahre

Das Geheimnis von Wildenwald
198 Seiten, 22 Zeichnungen
ab 8 Jahre

Hamid und Kinza
208 Seiten, 30 Zeichnungen
ab 9 Jahre

Die silberne Straße
124 Seiten, 21 Zeichnungen
ab 9 Jahre

Wo der Fluß beginnt
136 Seiten, 15 Zeichnungen
ab 10 Jahre

Lucys Entdeckungen
152 Seiten
ab 10 Jahre

So groß ist Gott
Beispielgeschichten zum Glaubensbekenntnis
200 Seiten, 15 Zeichnungen
zum Vorlesen, Selbstlesen und Erzählen

Mein Freund Frisky
72 Seiten, 10 Zeichnungen
ab 8 Jahre

Flecky und Flauschi
72 Seiten, 13 Zeichnungen
ab 8 Jahre

DER BIBELLESEBUND ist eine internationale, überkonfessionelle Organisation. Sein Ziel ist es, durch seine Literatur und seine Veranstaltungen das tägliche, fortlaufende Lesen der Bibel zu fördern und Menschen mit Jesus Christus in Verbindung zu bringen.

Als Hilfe für das persönliche Bibellesen gibt der Bibellesebund folgende Zeitschriften und Broschüren heraus:

Auf der Spur
4 Bibellesehefte mit je 50 Erklärungen für Kinder ab 7 Jahre, je 64 Seiten, durchgehend illustriert

Guter Start
Vierteljährlich erscheinender Bibelleseplan mit Erklärungen für Kinder ab ca. 9 Jahre, mit Illustrationen, Rätseln, Fragen zum Beantworten, Liedern und Bastelvorschlägen

Geradeaus
Vierteljährlich erscheinender Bibelleseplan mit Erklärungen für Teenager ab ca. 13 Jahre, mit Illustrationen, Fotos und Comics, Fragen, Gebeten, Liedern und Rätseln

Profil
Vierteljährlich erscheinender Bibelleseplan mit Erklärungen für junge Erwachsene ab ca. 17 Jahre, mit Illustrationen, Denkanstößen und Fragen zum weiteren Studium

Orientierung (auch in Großdruck erhältlich)
Vierteljährlich erscheinender Bibelleseplan mit Erklärungen für Erwachsene

Anschriften des Bibellesebundes

Schweiz	Römerstrasse 151 8404 Winterthur
Deutschland	Postfach 1129 5277 Marienheide I
Österreich	Kreuzplatz 6 4820 Bad Ischl